SUPERANDO EL RECHAZO

LARRY DiANGI

Superando el Rechazo
12 formas de convertir el rechazo
en abundancia, éxito y libertad ilimitados
por Larry DiAngi

ISBN: 978-1-942991-53-3

Publicado por
Editorial RENUEVO
www.EditorialRenuevo.com
info@EditorialRenuevo.com

Este libro está dedicado a mi Padre, quien siempre ha creído en mí y en mi propósito.

Estoy agradecido por tu amor y apoyo inquebrantables. Aun durante las épocas en las que parecía como si no fuera a llegar al siguiente nivel superior de mi sueño y mi propósito, siempre estuviste allí para darme ánimo.

Fueron muchas las ocasiones cuando tu creencia en mí, sólida como una roca, fue lo único que necesité para continuar avanzando.

Papá, te amo y estoy agradecido por haber sido bendecido con tenerte como padre y amigo.

Contenido

Capítulo 1

Elévate hasta un nivel más alto en donde el rechazo no te pueda tocar

¿Por qué es que algunas personas pueden recibir una gran cantidad de rechazo y todavía seguir insistiendo (eso sí, corrigiendo su forma de acercarse), para convertirse en personas más fuertes cada vez, mientras que otras personas pueden experimentar tan sólo una dosis de rechazo y eso los detendrá y no los dejará siquiera pensar en ir al siguiente nivel en sus vidas?

Una razón por la cual muchas personas se rinden tan fácilmente a la primera señal de rechazo es que no entienden que cada rechazo percibido necesita ser calificado. Un rechazo nunca debe tomarse por el valor aparente. Por todo lo que sabemos, la persona que aparentemente nos está rechazando podría estarlo fingiendo; ese individuo tal vez esté respondiendo a nosotros de una forma negativa porque él o ella está demasiado avergonzado para admitir que no está entendiendo del todo lo que estamos hablando, de modo que «para quedar bien» y no parecer ignorante o ingenua, una persona podría decir simplemente, «No, no estoy interesado en lo que me está proponiendo».

¿Por qué la persona promedio, o bien acepta el rechazo como un insulto personal o automáticamente asume que aquel que lo está rechazando probablemente tiene la razón?

En mi experiencia de trabajo continuo con la gente y al haber estado involucrado en varias negociaciones, descubrí que cuando proponía una idea por primera vez, había ocasiones en las que las personas parecían que me rechazaban a mí, pero en realidad simplemente estaban preocupadas con otros pensamientos en ese momento y no podían concentrarse por completo en lo que yo estaba diciendo.

Tal vez habían tenido un disgusto con un amigo o su pareja más temprano ese día, y sus mentes estaban todavía nubladas por los efectos de esos altercados. Es posible que no fueran a responder positivamente a nada que nadie les propusiera ese día hasta que regresaran en buenos términos con quienquiera que hubieran tenido el conflicto.

La lista de razones por las cuales la reacción inicial de una persona hacia nosotros puede ser menos que positiva, es interminable, y es casi siempre algo sabio darle a la gente una segunda, o inclusive, una tercera oportunidad para aceptar la idea que estamos proponiéndoles.

Viva muy POR ENCIMA de un enemigo llamado «Promedio»

Mientras lees este libro, tendrás la oportunidad de neutralizar el rechazo y eliminar sus efectos negativos para siempre. Pero antes que esto sea posible, debe separarse completamente del enemigo llamado «promedio».

Teodoro Roosevelt pronunció estas palabras que dan fortaleza al corazón:

«He decidido no ser un hombre común; es mi derecho no ser alguien común si puedo hacerlo. Buscaré la oportunidad y no la seguridad. No deseo ser un ciudadano mantenido por el Estado, humillado y anulado por tener quien me cuide. Quiero asumir un riesgo calculado, para soñar y construir, para fracasar y triunfar. Me rehúso a vivir a salto de mata. Prefiero los retos de la vida a la existencia garantizada, la emoción de la plenitud a la calma anquilosada de la utopía. Nunca me inclinaré ante ningún amo ni me doblegaré ante ninguna amenaza. Es mi legado pararme erguido, orgulloso y sin temor, para pensar y actuar por mí

mismo y enfrentar al mundo audazmente y decir, esto es lo que he hecho.»

Creo que cada ser humano tiene un gran destino que cumplir. Si seguimos a la multitud probablemente sólo cumpliremos un destino promedio en el mejor de los casos. Para lograr llegar a un nivel superior en la vida, en las relaciones o en los negocios, debemos liberarnos del pensamiento que nos detiene en el nivel promedio de percepción, o aun más abajo. Vivir una vida y lograr resultados por encima del promedio requerirá que seamos capaces de ver la vida y los logros con una percepción que se encuentre POR ENCIMA del promedio.

Si compartimos una visión, una idea o una oportunidad con las personas que tienen una percepción promedio de la vida, tal vez no «aprecien» en un principio lo que les estamos ofreciendo. De hecho, muchos de los rechazos que recibimos de una persona que sólo tiene una percepción promedio tal vez no tengan nada que ver con nosotros o con lo que podamos decirle.

Se requiere de discernimiento de nuestra parte para entender a la gente adecuadamente y para ver que muchos tienen problemas personales que necesitan ser solucionados antes de que estén listos para escuchar lo que tenemos que decir.

Esto no se aplica a todo el que nos encontramos, pero al estudiar el estado de los seres humanos, no toma mucho tiempo descubrir que la persona promedio es más pesimista que optimista. Se requiere de un esfuerzo deliberado para que una persona se mantenga optimista diariamente. Para ser pesimista una persona sólo tiene que seguir al resto del mundo, y su pesimismo se verá reforzado por la sociedad, los medios, la publicidad, su empleador, miembros de su familia, la educación y miles de otras influencias negativas.

Entonces, si tú y yo estamos involucrados en la búsqueda y construcción de una visión, una misión o un negocio que requiere de reuniones y hablar con gente nueva todos los días, bien podemos predecir que la mayoría de gente nueva que nos encontremos va a ser más propensa a ver sólo las limitaciones de la vida en vez de las grandes posibilidades. Mi intención no es ser cruel o poco amable al decir que, «la perspectiva de la vida de la persona promedio es más negativa que positiva». Esta es simplemente una realidad de la vida del mundo en el cual vivimos.

Las buenas noticias son que podemos ayudar a algunas personas a cambiar sus percepciones y por lo tanto ayudarlos a crear y disfrutar de una más grandiosa libertad y literalmente ayudarlos a revolucionar sus vidas.

La primera respuesta de las personas es automática y preprogramada

Una de las razones por las cuales algunas personas lo rechazarán a ti o a tus ideas es que ellos ya han rechazado la imagen positiva de sí mismos y han rechazado también la posibilidad de un mejor futuro personal.

Su autoestima tal vez ha sido tan lastimada en el pasado, que cuando tú o yo lleguemos hasta ellos y digamos, «Hola, cómo está,» su primer pensamiento es, «¿Por qué esta persona está pretendiendo preocuparse por cómo me encuentro? Esta persona ni siquiera me conoce y mucho menos se interesa por mi calidad de vida».

Si este pensamiento o cualquier otro pensamiento escéptico está recorriendo la mente de esta persona con la cual estás hablando, tú podrías simplemente aceptar esa respuesta inicial y borrarla de tus registros como otro rechazo más. Pero darle demasiada importancia a la primera reacción de la gente hacia nosotros tal vez nos lleve a leer equivocadamente la necesidad real de la persona y su potencial.

Si realmente queremos ayudar a la gente, necesitamos tener duro el cuero lo suficientemente para no dejarnos sacar de nuestro camino por su primera reacción.

Cuanto más vivo y cuantas más personas exitosas y con propósito tengo el privilegio de conocer y de desarrollar relaciones, más estoy convencido que uno de los secretos más grandes para el éxito en cualquier área de la vida es la habilidad para continuar avanzando a pesar del rechazo.

El rechazo es una cosa interesante; a ninguno de nosotros nos gusta, de manera que la mayoría de la gente trata de evitarlo. Pero si evitamos el rechazo estamos también simultáneamente evitando el éxito.

Ganar en la vida es más importante que ganar un concurso de popularidad

Para elevarse a un nivel más alto en donde el rechazo no nos pueda tocar, necesitamos liberarnos también de la creencia que necesitamos agradarle a todo el mundo. Ha sido aceptado como «pensamiento común» que uno de los principales objetivos en la vida es ganar un «concurso de popularidad», y si conseguimos agradarle a todo el mundo de alguna manera esto nos hará mejores personas.

Es como lanzar monedas a la fonda de los deseos, algunas personas viven con la errónea creencia que otras personas tienen la llave de su éxito. Si sólo pudieran hacer que la gente adecuada los apreciara o los amara, una de ellas les daría «la suerte» y la habilidad para hacer de sus sueños una realidad.

No es raro para la gente creer que la única forma en que puedan llegar a ser altamente exitosos en la vida es sólo si alguien más lo hace posible para ellos. Mucha gente no cree que pueda crear su propio éxito pero en cambio tienen una fantasía similar a la escena en donde un gran director de Hollywood los ve en el supermercado y grita, «Tú eres el que necesito. Tú eres el que necesito. Te he estado buscando. Voy a hacer una estrella de ti. Te voy a hacer millonario y famoso más allá de lo que jamás has soñado».

Hemos escuchado a la gente decir esta frase una y otra vez: «No es lo que sabes y conoces, sino a quién conoces lo que realmente importa». La verdad es que es justamente lo opuesto. Lo que sabes y conoces acerca de ti mismo y lo que sabes y conoces acerca de otras personas es mucho más importante que simplemente obtener acceso a ciertos individuos considerados muy importantes o los Peces Gordos. Más importante que «a quién conoces» es «quién en realidad querrá conocerte».

Una forma de evitar ser afectado negativamente por el rechazo es asegurarnos de no permitirnos volvernos muy dependientes o necesitar la aprobación de los demás. Las únicas personas que será conveniente conocer son aquellas que tienen un alto nivel de integridad y un sincero deseo de apreciarnos por lo que realmente somos. La gente es importante, pero la mayoría de las veces, la gente está más interesada en su propia comodidad y gratificación.

Por supuesto que hay excepciones a esto, tal como con la esposa o esposo, o un amigo cercano, quienes tal vez nos aman incondicionalmente, pero esto sin duda es muy raro. Debemos estar agradecidos por las personas que hay en nuestras vidas, ya que sin personas con las cuales compartir no tendría ningún significado la vida; pero es peligroso depender de ellos para validarnos como seres humanos. Si una persona depende de otro ser humano para estimar su propio valor, vivirá una vida que será simplemente un torbellino de reacciones formuladas para ganarse la aprobación de los demás, lo cual entonces los expone a todo tipo de manipulaciones de parte de otros.

Es mejor ser como un termostato en vez de un termómetro; un termómetro simplemente fluctúa según suba o baje la temperatura en una habitación dada, mientras que el termostato determina la temperatura en un espacio dado. Nuestra propia validación de identidad personal y nuestro valor, debería ser lo suficientemente fuerte en nuestro corazón como para que nunca necesitemos depender de influencias externas para ayudarnos a sentir mejor con nosotros mismos.

De hecho, una persona podría tener a la mejor gente del mundo como amigos y asociados, pero es «lo que sabemos» lo que determinará si bien esas personas grandiosas querrán continuar pasando el tiempo con nosotros. También, «lo que sabes», hasta cierto punto, determinará qué gente específicamente será atraída inicialmente hacia ti en la vida.

La clase de carisma que proyectamos también se ve seriamente afectado por «lo que sabemos o no sabemos». Si conocemos la verdad sobre nosotros mismos y sabemos que la intención de Dios para con nosotros es siempre buena, («*Porque sé los planes que tengo para ti, dice el Señor. Son planes de paz y no de mal, para darte un futuro y esperanza.*» *Jeremías 29.11*) proyectaremos una clase de carisma que atraerá a gente buena, honesta, maravillosa y exitosa hacia nosotros.

Por otra parte, si «lo que sabemos» es que nunca llegaremos demasiado lejos en la vida a no ser que alguien venga a darnos ese golpe de suerte, entonces ese patrón de pensamiento producirá un tipo de carisma de «necesidad» en nosotros, y cuando la gente se nos acerque, sentirán como si fuéramos una sanguijuela lista a adherirnos a su brazo para drenarles la vida.

Nuestro carisma personal es muy parecido a un olor en el aire. Estoy seguro que has tenido la experiencia de detenerte en una estación de gasolina a llenar el tanque de tu auto, y mientras estás bombeando la gasolina, de repente sientes esos vapores que entran por tu nariz. Esos vapores de combustible fluyeron hacia arriba desde el tanque hasta tu nariz, y cuando respiraste esos vapores llevándolos hasta tus pulmones tal vez te sentiste un poco mareado.

Llevé a mi esposa, Julie, y mis cuatro hijos a ver una película en el cine el fin de semana pasado, y experimenté un fenómeno con el cual tal vez también estés familiarizado. Lo llamo el «Efecto magnético de las palomitas de maíz».

Antes de ir al cine acabábamos de comer; el restaurante estaba como a un minuto en auto de los cinemas, así que llegamos al teatro tan sólo dos o tres minutos antes de que comenzara la película.

Después de adquirir nuestros boletos, comenzamos a caminar por el área principal, y antes que pudiéramos ingresar en la sala de cine, nos encontramos con algo en las ondas olorosas de la zona de recepción principal. Todos al tiempo nos sobrecogimos por el olor de las frescas palomitas de maíz con mantequilla que llenaban el aire. Obviamente ninguno de nosotros tenía una necesidad legítima de comida ya que habíamos comido en exceso en el restaurante tan sólo unos minutos antes, pero ¿puedes adivinar cuál fue nuestra reacción colectiva cuando pasamos el punto de venta de golosinas? Has adivinado correctamente. Todos estuvimos de acuerdo en que las palomitas de maíz olían tan bien que teníamos que comprar un poco para llevar con nosotros a la sala de cine.

La mayoría de nosotros también hemos tenido la experiencia de habernos ausentado de casa por varios días, y cuando regresamos llegamos directo a la cocina para abrir el refrigerador y «BAM» un olor nos golpea en la cara, y sabemos que algunos alimentos han comenzado a echarse a perder.

Muy parecida a la reacción que tiene una persona para con su sentido del olfato, el carisma que tú o yo proyectamos es, o bien atrayente o repelente a la gente en la medida en que interactuamos con ellos durante nuestra vida diaria.

Algunas personas tal vez estén guardando su positivismo como un secreto

Si estamos proyectando la clase correcta de carisma y una persona todavía no reacciona positivamente como quisiéramos, existe la posibilidad que tal vez estén escondiendo su positivismo hasta que lleguen a conocernos mejor. Aun si a una persona le gusta lo que estamos diciendo, todavía podrían estar pensando si no suena demasiado bueno para ser cierto, o si en realidad podemos continuar hablando y haciendo la propuesta que les estemos haciendo.

En gran medida no podemos culpar a la gente por tener cierta cantidad de prevención. Todos nos hemos desilusionado en el pasado con alguien que nos ha prometido demasiado y no ha cumplido. De modo que debemos estar dispuestos a permitirle a la gente pasar un poco de tiempo «revisándonos» antes que nos permitan ganarnos su confianza.

Tuve el privilegio de servir en posiciones de liderazgo de varios tipos por más de treinta años, y creo que los verdaderos líderes están expandiendo siempre su visión y aventurándose en nuevos territorios.

Podemos ver en el verdadero significado del título de «líderes» que estas son personas que estarán y se quedarán por lo menos un paso delante de nosotros quienes los estamos siguiendo. Si estamos por lo menos un paso delante de la gente que nos sigue, podemos enseñarles cómo dar el siguiente paso.

Ahora, es mucho mejor estar diez o veinte pasos delante de la gente que estamos guiando, pero aun si sólo estamos uno o dos pasos adelante con nuestro progreso todavía podemos calificar como líderes. Alguien dijo una vez, «No puedes enseñar lo que no sabes, y no puedes liderar hacia un lugar al que no te diriges.»

Aquellos grandes líderes que desean lo mejor para

sus seguidores están trabajando constantemente para venderle a la gente ideas que los ayudarán a mejorar sus vidas personal y profesional. Lo mejor y más saludable es que cada líder también tenga un líder o mentor como modelo de comportamiento.

Para estar seguro de poseer la más fuerte de las bases de liderazgo todos necesitamos algo de responsabilidad, y lo mejor y más estructurado se da cuando los líderes son personas que siguen a otros líderes, quienes a su vez siguen a otros líderes, que siguen a otros líderes, y así sucesivamente.

Con pasión para llegar al próximo y más alto nivel y para ayudar a los demás a hacer lo mismo, los líderes siempre están involucrados en ayudar a otros individuos a expandir su pensamiento.

En este contexto, haré un par de enunciados cortos ahora y más adelante entraré en más detalles. En mi experiencia durante los años, la mayoría de las personas grandiosas con las que he tenido el privilegio de trabajar, no respondieron de una forma sorprendentemente positiva ni la primera, ni la segunda y ni siquiera la tercera vez que entré en contacto con ellos.

También, muchos de los negocios con los que he sido bendecido llegaron después de lo que parecían varios rechazos, y en algunos casos, después de muchas interacciones que terminaron de una forma que me hizo dudar si esa persona con la que estaba hablando estaría realmente interesada en todo lo que le estaba proponiendo.

El hecho que parece que fuéramos rechazados personalmente o que nuestra visión, misión, idea, oportunidad o negocio parece haber sido rechazado no es ni siquiera tan importante a cómo reaccionamos a ese rechazo percibido.

Creo desde el fondo del corazón que a la gente se le debería exigir pedirnos permiso antes que se le dé el privilegio de rechazarnos. Deberíamos otorgarles este permiso sólo hasta que hayamos terminado de calificarlos completamente y hayamos decidido que no sean parte de la visión, misión o negocio que estamos construyendo.

Después que este proceso de calificación haya culminado, si determinamos que no son la persona con la cual estaríamos dispuestos a trabajar, entonces simplemente podemos dejarlos libres para que busquen a alguien más con quien encajen mejor en otra parte del planeta. Pero es importante no dejar en libertad a las personas antes de que los hayamos calificado completamente. Una vez que se busca un poco más profundamente para encontrar quiénes son en realidad, y se toma el tiempo para permitirles ver quién realmente eres tú, toda la dinámica de tus interacciones con ellos puede dar un cambio dramático.

Tal vez no lo veamos instantáneamente pero cuando vamos un poco más allá de la imagen superficial podemos encontrar personas que se convertirán en nuestros mejores amigos o nuestros asociados más valiosos.

Superar

En el título de este libro usé la palabra «superar»; ésta palabra significa cosas diferentes para personas diferentes de modo que pongámonos de acuerdo en una definición específica en el contexto del mensaje contenido en las páginas de este libro.

Cuando la persona promedio ve o escucha la palabra «superar», él o ella podría asumir que significa que hubo algún tipo de conquista y que una persona ganó la batalla y otra la perdió. Naturalmente, en este tipo de interacción se asumirá que la persona que ganó será coronada como la «superadora» y la otra persona será rotulada como la «perdedora». Mientras que esta interpretación se presenta continuamente en la vida diaria, este no es el significado de la palabra «superar» en el contexto de este libro.

La verdad acerca del rechazo es que no tiene que ser permanente, y con frecuencia es sólo una reacción de reflejo de parte de la otra persona. Si continúas hablando con la gente con «intensidad relajada» sentirás menos necesidad de que te digan, «Sí» inmediatamente. La «intensidad relajada» es el total conocimiento en tu corazón que estás cumpliendo con tu propósito y que simplemente estás buscando entre la gente a los individuos específicos que están destinados a estar contigo de ahí en adelante.

También es importante que aprendamos el arte de «dominar lo mundano». «Dominar lo mundano» es la habilidad para decir exactamente las mismas palabras y dibujar exactamente la misma imagen de tu oportunidad o visión, cientos, o aún miles de veces, a personas diferentes y todavía mantener tu fuerte pasión y profunda convicción aflorando en cada palabra que pronuncias.

Tal vez has dicho esas mismas palabras tantas veces que ya no tienes ni que pensar en lo que vas a decir. Es aquí en donde puedes dedicar toda tu concentración para crear la más grandiosa dinámica posible en tu presentación. Es similar a lo que hace un guitarrista que ha tocado una canción tantas veces que ya no tiene que pensar en la melodía o en la siguiente nota que tiene que tocar, o como una bailarina que ha bailado perfectamente una rutina hasta el punto en que ya no tiene que concentrarse conscientemente en el siguiente paso que dará. Simplemente viene naturalmente. Es en este punto de «dominar lo mundano» en donde puede concentrarse totalmente en maximizar su expresión creativa y su carisma.

En la medida en que pagamos el precio para desarrollar una genuina «intensidad relajada» y para «dominar lo mundano», tendremos la libertad mental y el corazón para leer aún hasta las señales más sutiles de la reacción de una persona ante nuestra presentación, y si lo necesitamos, seremos capaces de cambiar nuestro acercamiento en el instante en que lo notemos.

Cuando estemos libres de preocupaciones sobre lo que tenemos que decir, entonces seremos más sensitivos y más capaces de identificar y manejar los asuntos en los que está más interesado el individuo o con los cuales está en conflicto. Cuando podemos observar libremente la más sutil de las señales de la interacción humana, encontramos que la mayoría del tiempo que inicialmente creíamos era un rechazo o una luz roja, era en realidad simplemente una luz amarilla de precaución indicando que necesitábamos ajustar nuestro enfoque para acomodarlo más a esa persona específica.

Demasiada gente continúa una conversación con el sentimiento de que necesitan «demostrar que tienen razón», sin darle a la persona con la que están hablando una oportunidad adecuada para suministrar una valiosa retroalimentación. Dios nos dio dos oídos y una boca, de modo que a veces tiene sentido que escuchar tal vez sea más importante que hablar. Ser una persona que escucha, genuinamente interesada, nos hará aprovechar mejor nuestro tiempo y el de los demás. Tal vez sea mejor continuar la conversación en otro momento porque ellos tal vez han tenido ya demasiadas presiones ese día y están sobrecargados mental y emocionalmente. Darles algo más en que pensar sólo estaría frustrando nuestro propósito.

Cualquiera que sean las razones específicas que estén causando una demora, si puedes mantenerte relajado con la suficiente intensidad para hacer que la otra persona sienta tu pasión, descubrirás que con frecuencia, tu persistencia finalmente se encontrará con el momento adecuado en sus vidas. Cuando el momento es el adecuado no es raro que lo que parecía ser un gran NO se convierta de repente en un gran SÍ. Puedo hablar por mi mucha experiencia personal y decir que una puerta que parece estar cerrada puede de repente abrirse completamente.

Muy frecuentemente, cuanto más grandes sean los beneficios de establecer eventualmente una conexión, más importante será el asunto de llegar en el momento adecuado, con respecto a tener finalmente abierta la puerta de la oportunidad para ti. No tienes que ganar todas las veces; sólo tienes que ganar las más importantes. Y muchas de las más importantes se logran al continuar con un patrón por un período de tiempo. Cuando finalmente has intentado diferentes acercamientos lo suficiente, eventualmente harás algo que les llegará a lo más «profundo».

El significado de la palabra SUPERAR en el contexto del título y en el contexto de este libro es simplemente «el acto de sobresalir o trascender» a las reacciones indeseadas que son dirigidas a nosotros por otras personas.

Tres reacciones al percibir el rechazo:

1. Podemos ser superados por un rechazo percibido y asumir que la otra persona tiene la razón y que nosotros estamos equivocados. Esto nos hace perder nuestra autoestima y concluir que probablemente

no fuimos buenos al explicar lo que compartimos con ellos, o tal vez hasta comencemos a creer que nuestras ideas no son valiosas y que fue inútil molestarnos al explicar nuestra oportunidad o visión a esta persona en primer lugar.

2. Podemos resistir o luchar contra el rechazo percibido. Podemos tratar de presentar un caso del porqué tenemos la razón y probar que ellos están equivocados, lo que generalmente resulta en algo que se convierte en defensivo. Cuando comenzamos a defender nuestra posición en la presencia de alguien que nos ha ofrecido alguna forma de resistencia, encontraremos con frecuencia que aun cuando estemos tratando de darles razones para ganarles con nuestra forma de pensar, en realidad sólo terminamos empujándolos aun más lejos. Si nos ponemos a la defensiva y entonces ellos responden también defendiéndose, será cada vez más difícil alcanzar cualquier clase de resultado positivo.

3. Podemos Superar o Sobrepasar el rechazo percibido al ir más arriba, hasta el nivel en donde se encuentra la verdad.

   a. Necesitamos estar totalmente convencidos, desde el fondo de nuestros corazones, de la verdad que la oportunidad o visión que estamos presentando es tan valiosa que nuestra pasión por esta visión ha hecho que lleguemos más allá del punto de no retorno. No vamos a dejar de compartir nuestra visión con los demás y este compromiso del 100% nos ha puesto ahora en una misión de compartir nuestra visión por la libertad con la mayor cantidad de gente posible. Bien sea que una persona específica reaccione positiva o negativamente a nuestra propuesta, no hará que nuestra visión sea más o menos valiosa para nosotros, porque nuestra convicción acerca del gran valor de nuestra oportunidad o visión es fuerte y sólida. Nuestro propósito al compartir nuestra oportunidad o visión no es obtener un «sí» de todo el mundo. Nuestro propósito es continuar compartiendo nuestra visión de modo que podamos encontrar a aquellos individuos selectos que están destinados a convertirse en nuestros asociados, lo cual resultará en una conexión que toma lugar en el corazón, entre nosotros y esas personas específicas.

b. Ser capaces de «sobrepasar» el rechazo requiere que sepamos la verdad sobre lo que está pasando en cualquier interacción que tenemos con otra persona; esto requiere de discernimiento. Algunas personas han sido bendecidas con él, y otras personas tendrán que trabajar para aprender el arte del discernimiento. Un importante componente del discernimiento es la habilidad de ver las verdaderas necesidades de la gente con la que estamos hablando. Descubrir la verdad acerca de sus verdaderas y más profundas necesidades es la mejor forma para que tú puedes ayudarlos a ver la visión de lo que estás presentando. Si ellos pueden ver cómo estas ideas que estás presentando pueden satisfacer algunas de sus necesidades más profundas, tal vez sean capaces de comenzar a apropiarse de la visión o de la oportunidad que les estás proponiendo. El beneficio de tener discernimiento se revela cuando encuentra aquella cosa que un individuo cree que necesita. La oportunidad que estás compartiendo tal vez tenga varios beneficios, pero la pregunta importante que debemos hacernos es, «¿Cuál de estos beneficios será el más importante para el individuo con el que estoy hablando en este momento?» Recibir más dinero puede ser uno de los beneficios; más tiempo libre para pasar con su familia tal vez sea otro, lograr la libertad financiera—lo cual la habilita para dejar de trabajar en un empleo que ha odiado por años —podría ser el beneficio más grande en su mente. Algunos de los otros beneficios podrían ser totalmente diferentes a los financieros, tal vez el beneficio más importante para un individuo podría ser obtener amigos positivos con los cuales asociarse. Tal vez se ve a sí mismo triunfando financieramente pero no tiene el tiempo de disfrutar su prosperidad porque está demasiado ocupado trabajando dieciséis horas al día, y cada vez que suena su teléfono celular, su estómago se llena de nudos porque tal vez sea una llamada para decirle que necesita abandonar lo que está haciendo con su familia y regresar a trabajar. La lista sigue y sigue, pero el punto principal aquí es que a través del discernimiento somos capaces de llegar a centrarnos en la principal necesidad de la persona con la que estamos hablando. ¿Cómo hacemos este proceso? Hacemos preguntas y luego prestamos toda nuestra atención, nos callamos y escuchamos. Sé que esto puede ser algo difícil de hacer, especialmente cuando tenemos la pasión y el propósito de lo que deseamos decir haciendo que nuestro corazón casi se salga de nuestro pecho por las agitadas palpitaciones, pero hacer preguntas y escuchar es la forma principal para hacer que nuestro discernimiento se ponga en movimiento. Podemos hacer preguntas como, «¿Si pudiera rediseñar tu vida de cualquier forma que deseas, como sería?» o «¿En qué áreas de tu vida te gustaría experimentar un nivel más alto de libertad y uno más bajo de estrés?» Al hacerle a la gente preguntas acerca de sus trabajos, su familia, sus metas, sus sueños para el futuro y así muchas más, y si escuchamos con atención, podemos encontrar la necesidad más grande que tienen. Si no les están pagando lo suficiente en su trabajo actual y están endeudados hasta el cuello, entonces la verdad sobre su necesidad número uno podría ser que tienen una fuerte urgencia de ganar más dinero y asegurar un futuro financiero más fuerte para ellos y sus familias. Si ésta es su necesidad más fuerte, entonces tú puedes simplemente mostrarles la verdad sobre cómo pueden satisfacer esa necesidad financiera al trabajar contigo y con tu visión. Para las personas que sienten que ya tienen suficiente dinero pero su trabajo los controla dieciséis horas al día, puedes mostrarles cómo, al trabajar contigo, posiblemente puedan ganar el mismo dinero al apalancar su tiempo más sabiamente y así tener más tiempo para hacer otras cosas que disfrutan. Para otra persona, la necesidad más grande puede satisfacerse al trabajar contigo, al convertirse en una persona más centrada y más fuerte espiritualmente bajo tu guía. Otro individuo tal vez nunca se ha sentido conectado a sus padres o a los miembros de su familia, de modo que la necesidad inmediata más grande es establecer un sentido de «pertenencia». Tú y tus otros asociados tal vez se conviertan, de alguna manera, en la familia que esa persona nunca antes tuvo. No es raro que una persona vea a su mentor como un padre o la madre con la que desearían haber estado bendecidos en sus primeros años. Ahora, ahí estás tú, como un padre o madre para ella o tal vez como el hermano o hermana que siempre quiso tener. Conocer la verdad acerca de la necesidad y los deseos más grandes de la otra persona te pone en una posición en donde puedes ayudar a ese individuo a cambiar y dirigirse al siguiente nivel más alto, y la verdad es el combustible que necesitará para impulsarse y llegar más alto. Si la necesidad número uno de una persona es tener más dinero, entonces tal vez no se inspire al escuchar hablar de todas las grandiosas relaciones que podrá desarrollar con aquellos que estarán trabajando con ella. Cuando conoces la verdad acerca de la necesidad más grande de una persona, esa verdad te liberará para ayudarla a avanzar en la vida. Es sorprendente ver la reacción en las caras de las personas cuando finalmente enfocas las cosas en su más grande necesidad y luego explicas cómo la oportunidad o la visión que estás presentándoles les ayudará a satisfacer, o quizás sobrepasar, su más grande necesidad. Aun cuando parezcan desconectados o distraídos antes de que oprima ese botón en su más grande necesidad, después de obtener su atención, no es raro que la gente diga algo como, «Oh, ahora entiendo lo que está diciendo». Todo lo que realmente sucedió aquí es que guiaste a estas personas a través de la niebla de su indefinida percepción de la vida y les ayudaste a enfocarse en la verdad de lo que realmente querían, y luego les mostraste cómo podrían lograr aquella cosa que creían desear más. Sea lo que sea que las personas piensen que necesitan más, es que les muestres *cómo* alcanzarlo lo que más apreciarán. Es algo maravilloso observar cuando le has ayudado a una persona a obtener lo que más desea de corazón y subir hasta aquel nivel en donde él o ella puede ver la verdad de lo que les estás presentando, y así podrá lograr sus deseos y sueños. En ese momento esa persona es transportada a un nivel más alto en donde reside la verdad, y todo el rechazo es dejado atrás en el nivel más bajo del cual salieron. «Cuando conoce la verdad (en cualquier área de la vida), ésta lo convertirá en una persona libre». (Juan 8.32) Esto funciona en lo espiritual, lo mental, en las relaciones, en las finanzas, y sí, este principio también funciona en la superación del rechazo.

No puedo contar el número de veces en las que he estado en un avión volando de un lugar a otro, y en medio del vuelo, escucho al piloto por el sistema de comunicación decirnos que estaremos pasando por algo de turbulencia, y que van a ascender a una mayor altitud para encontrar un lugar en donde podamos tener un vuelo más tranquilo. Esta es la misma idea de la que estamos hablando aquí—sólo que en cambio de estar a cierto número de pies de altitud sobre la tierra vamos hacia una mayor altitud de pensamientos basados en la verdad.

Lo que estamos buscando es la altitud que coincida con la verdad real sobre la persona con la que estamos interactuando en ese momento. Un piloto o bien subirá a una mayor altitud para salir de la turbulencia o descenderá a una menor altitud en donde la turbulencia no exista. De esta misma forma en que estamos buscando el «nivel de la verdad» en cualquier circunstancia o negociación dada, algunas veces el «nivel de la verdad» está por encima de donde viene la persona, y algunas veces, el «nivel de la verdad» está más bajo de donde viene la persona. Pero de cualquier forma siempre tenemos la conversación en un nivel más alto cuando logramos que la interacción se realice en el nivel en donde es totalmente real.

Por ejemplo, hay momentos durante nuestra interacción con la gente cuando es negativa en su forma de pensar y necesitamos llevar el nivel de la conversación a uno más alto para encontrar el nivel de la verdad o a la «forma en que realmente es» en contexto con el tema que estamos discutiendo. En otras ocasiones la persona con la que estamos hablando está tan elevada, con un ego demasiado inflado, que la única forma de llevar la conversación al nivel de la verdad es en realidad llevándola a lo que podría parecer una menor altitud que el sintético e imaginario nivel en que la otra persona cree estar operando.

Existen algunos principios que parecen funcionar en una forma muy diferente a lo que la persona promedio asumiría. Por ejemplo: «Los más grandes entre ustedes serán los servidores,» (Mateo 23.11) o «Aquel que tome el lugar más bajo será exaltado y será llevado al lugar más alto,» (Lucas 14.10) o «Los primeros serán los últimos, y los últimos los primeros» (Mateo 20.16) o uno de mis favoritos, «Los mansos heredarán la tierra». (Mateo 5.5) Estos principios son confusos para algunas personas, especialmente si están acostumbradas a tratar de forzar las cosas para que sucedan en su vida.

Cuando llegas al nivel de la verdad y a la «forma en que realmente es» te vuelves como la crema que siempre sube hasta la superficie. Al principio tal vez parezca que estamos tomando un lugar más bajo pero cuando se disipa toda la niebla, vemos que lo que realmente hicimos fue dar un paso hacia abajo para subir a un elevador que nos llevó hasta el piso más alto. Estoy seguro que has tenido que tratar con personas cuya imagen de sí mismos no es nada más que una bien orquestada ilusión. Con humo y espejos tratan de convencer a la gente a su alrededor que ellos de alguna manera son mejores y más inteligentes que el resto, y no sienten que tengan que operar de acuerdo con los mismos principios de éxito basados en la verdad con los que todos los demás necesitan trabajar de modo que puedan crear un éxito legitimo.

Si la persona con la que estamos tratando está intentando impresionarnos con un acto decepcionante de hacernos creer que es «lo mejor desde que inventaron el pan rebanado», con frecuencia lo mejor que se puede hacer es realmente meterse debajo del ego de esa persona y tomar una posición más humilde de lo normal.

Si alguien está echándose flores y diciéndote lo grandioso que es, generalmente lo está haciendo porque se siente inseguro. Por supuesto que tal vez está tratando lo mejor que puede para no dejar ver su inseguridad, de modo que tal vez proceda a poner una canción o a bailar para hacerte creer que «es lo más grandioso y todo es simplemente maravilloso».

En la medida en que continuamos con la conversación un poco más allá, seremos capaces de apoyar a esa persona en su precario y frágil estado. Están «caminando sobre la elevada cuerda floja de su ego». Para apoyarlos, primero debemos ayudarlos a bajarse de esas alturas en donde están caminando—antes de que se caigan y se lastimen. Este es con frecuencia un buen momento para estar tan calmado como puedas, y generalmente es mejor para ti bajar el tono de tu voz y tratar de guiar a este individuo a un nivel que sea más verdadero basado en el contexto de la grandeza de «quienes son en realidad». El grandioso resultado que se obtiene cuando ayudamos a una persona a hacer esto es que terminan viendo que «quienes son en realidad» es verdaderamente más maravilloso de lo que están pretendiendo ser.

Discutiré esta técnica con más detalle más adelante en este libro pero por ahora sólo nos referiremos a esto en el contexto de la metáfora «saliendo de la turbulencia».

Cuando nos comunicamos con la gente, también es bueno trabajar para mantener la interacción en un nivel saludable emocionalmente. Dependiendo de la persona con la que estés hablando, a veces necesitas tomar la conversación a un nivel emocional más alto y algunas veces necesitas llevarla a un nivel emocional más bajo de modo que puedas sacar a esa persona de «la turbulencia» para llevarla a la verdad.

Aun cuando tengamos que disminuir el nivel emocional, no estamos disminuyendo la calidad o el nivel de verdad, simplemente estamos ayudando a la persona a bajar su globo sin control antes de que flote hacia las alturas de la atmósfera y se reviente a causa de la intensa presión de la fachada que están tratando de mantener a flote. Nuestro objetivo en este tipo de interacción es nunca tratar de probar quién tiene la razón o quién está equivocado, sino en cambio, qué es lo correcto y cuál es la sólida y verdadera base sobre la cual construir. «Cuando conocemos la verdad, ésta nos libera», pues la verdad es siempre nuestro objetivo.

Casi todo en la vida es uno u otro tipo de negociación. En la medida en que negociamos con la gente a través de la vida, muchas de estas personas estarán siendo guiadas por la inseguridad, sentimientos de poco valor personal, temores y toda clase de otros problemas debilitantes. Otros con los que también tratamos vendrán de un lugar de pensamiento basado en principios de verdad.

Gran parte de la premisa de este libro es superar el rechazo al cambiar nuestro pensamiento llevándolo a un nivel más alto del que la persona que, o bien se está resistiendo a nosotros o nos está rechazando. Al cambiar y llevar nuestro pensamiento a un nivel más alto podemos elevarnos por sobre la cortina de humo de sus excusas, las cuales con frecuencia tienen muy poca o ninguna base de verdad.

La verdad está siempre en un nivel más alto que las excusas que la gente inventa. Las excusas son una de las técnicas favoritas que la gente usa cuando están tratando de evitar comprometerse con una idea o plan que mejorará sus vidas.

Toma el camino más alto

El truco aquí es quedarnos fuera de la trampa emocional

que ha sido tendida para nosotros cuando una persona usa excusas o cualquier otra técnica para rechazarnos a nosotros o a las ideas que les estamos proponiendo. Si lo tomamos como un insulto personal y nuestras emociones comienzan a enloquecer, y nuestras mentes cambian y comienzan a «justificar nuestra posición», hay que tener cuidado… porque salen chispas, y hasta tal vez balas verbales están a punto de volar, y cualquier esperanza de un resultado positivo probablemente está a punto de salir escapando por la ventana.

Cuando iniciamos una conversación con otra persona o grupo de personas, necesitamos tomar el camino más alto y tener preestablecido en nuestra mente y en nuestro corazón que vamos a poner todo nuestro pensamiento, creatividad y energía emocional para mantener la conversación cien por ciento real. Esto traerá una libertad y profundidad a la interacción como no lo hará ninguna otra cosa.

Antes de aventurarnos a presentar ideas, una visión o aun una propuesta de negocios a otras personas, es imperativo que primero establezcamos en nosotros mismos una fuerte fe en esa idea, visión o negocio. Es mejor que tengamos una fuerte creencia en nuestra visión, misión o ideas, o probablemente no tomaremos el tiempo para hacer todo el trabajo necesario de modo que podamos presentarlas a otra persona.

Sin embargo, con frecuencia la verdad sobre por qué tu idea, oportunidad de negocios o visión tiene gran valor, puede perderse en la guerra emocional que resulta una vez que la otra persona detecta que lo que tú estás compartiendo requerirá de una respuesta muy bien pensada y un eventual compromiso de parte de ellos.

Una forma en que la persona puede intentar evitar parecer desinformada es resistirte con la primera cosa que pasa por su mente. Con frecuencia no es ni siquiera una razón real, es simplemente la mejor cosa que pudieron inventar en ese momento.

Estoy seguro que has tenido conversaciones con gente que parecía estar en otro planeta mientras tú te aventurabas a hablar con ellos. Casi puedes escuchar las ruedas dando vueltas en sus cabezas mientras están totalmente preocupados con procurar que su cerebro piense la respuesta más impresionante para sacarla lo más rápido posible mientras que tú terminas de pronunciar la frase.

Con esta clase de gente es obvio que tenemos que asumir que no va a escuchar mucho de lo que estamos diciendo porque el volumen de sus pensamientos personales es tan alto que les impide escuchar la mayoría de nuestras palabras. Si encuentras una persona como ésta—y crees que están destinados a trabajar juntos, tienes que estar preparado para hablar con ella varias veces antes que realmente comience a escuchar lo que estás diciendo.

Una vez que esta clase de personas se sienten más cómodas al estar cerca de ti, ya no sentirán tanto esa fuerte necesidad de impresionarte y por lo tanto serán capaces de escuchar mejor lo que estás compartiendo con ellas.

La percepción determinará «cómo» te verán y te escucharán

He explicado el principio del Reemplazo del Pensamiento y el de Cambio de Pensamiento en mis otros libros con gran contenido en el contexto de nuestra charla interna, y también cambiando diariamente nuestros pensamientos personales de lo negativo a lo positivo o de pensamientos basados en lo falso a pensamientos basados en la verdad. En ciertos momentos en este libro tocaré el tema del Cambio de Pensamiento y el de Reemplazo del Pensamiento pero también trataré este tema en el contexto de ayudar a otras personas para que cambien su pensamiento.

Para poder ayudar a las personas a dejar de usar la reacción refleja del rechazo como un escudo que les provee de un sentido sintético de sentir más control y menos vulnerabilidad, debemos ayudarlos primero a crecer hasta convertirse en pensadores más positivos, optimistas y basados en la verdad.

Por ejemplo, si una persona llega a un lugar en la vida en donde cree que la libertad financiera es imposible, entonces podemos ayudarla a cambiar sus pensamientos e ir de creer en el pensamiento falso, «supuestamente es difícil ganar dinero,» a creer en el pensamiento basado en la verdad, «si trabajo bajo la Ley de la Reciprocidad, no me será difícil ganar dinero. Es simplemente cuestión de asegurar que mis pensamientos dominantes estén basados en la verdad y mis acciones estén alineadas con la Ley de la Reciprocidad, la cual dice, "Lo que des, recibirás". (Véase Lucas 6.38) Si puedo ayudar a los demás lo suficiente a conseguir lo que desean, entonces automáticamente recibiré lo que deseo, y mientras ayudo lo suficiente a otras personas a llegar al siguiente nivel, esto automáticamente me impulsará al siguiente nivel más alto.»

Es importante que aprendamos a vivir nuestras vidas de acuerdo con la ley que dice: «Así como piensa un hombre o una mujer, en eso se convertirán» (Proverbios 23.7) y «nos transformemos al renovar nuestra mente». (Romanos 12.2) Al liderar con el ejemplo podemos entonces ayudar a los demás a aprender cómo operar bajo estas mismas leyes también.

¿Qué tiene que ver esto con superar el rechazo? Bueno, un efecto directo es que cuanto más podamos ayudar a la gente a operar de acuerdo con estos principios y leyes basados en la verdad, más estarán en concordancia con nosotros, y la posibilidad de rechazo se verá reducida grandemente porque estarán operando ahora bajo el mismo sistema basado en la creencia.

Cada ser humano tiene una percepción diferente; si hay cincuenta personas mirando la misma comida es muy posible que estén viendo cincuenta comidas diferentes. Podrían estar todos mirando a un plato con el mismo pescado, brócoli, ensalada y papas en él, pero una persona que adora el brócoli verá esa comida de un modo diferente que la persona a la que no le gusta. A un estricto vegetariano tal vez le guste todo lo que vea en el plato pero tal vez no quiera comerse el pescado.

Las percepciones de las personas son determinadas en gran medida por sus preferencias personales, sus experiencias pasadas, el porcentaje de su charla interna positiva y el porcentaje de charla interna negativa concerniente a cualquier cosa que tal vez estén viendo, escuchando, saboreando, oliendo, tocando o pensando en un momento determinado. Es obvio que si tienen un 90% de charla interna negativa y un 10% de charla interna positiva probablemente reaccionarán más escépticamente o en forma reservada. Pero si tienen un 10% de charla interna negativa y un 90% de charla interna positiva probablemente serán más positivos y de mente abierta.

Lo que hay que recordar con relación a este punto es que cuando la gente reacciona ante nosotros—sin importar cuál es la relación entre los pensamientos positivos o negativos de una persona, así eran antes de que nos encontráramos con ellos. Han estado coleccionando pensamientos positivos y negativos su vida entera, y todos han coleccionado su propia y única versión de pensamientos basados en la realidad. Por lo tanto es importante mantener presente que la forma en que cualquier individuo está escuchando y percibiéndonos será determinado por los pensamientos que previamente coleccionaron acerca de la vida, de la gente, de la libertad, de los negocios, de la sociedad y de cerca de cientos de miles de otros factores en diferentes áreas de su vida.

Así como el ejemplo del plato de comida siendo percibido por diferentes personas, tú y yo podríamos explicar la misma oportunidad o visión a cincuenta personas diferentes, y así como todos miran el plato de «ideas» que les hemos presentado, cada persona verá lo que hay en él a través del filtro de la relación entre su charla interna positiva y negativa.

Entones en cambio de enfocarnos en si una persona va a decir sí o no durante nuestro primer encuentro con ella, tiene más sentido enfocarnos en ayudar a los individuos a sentirse bien consigo mismos mientras están con nosotros y al guiarlos a estar más activamente involucrados en la conversación, en vez de estarles entregando una cantidad de información.

Entender que esta percepción basada en la charla interna positiva *versus* la negativa siempre va a ser diferente con cada persona que encontremos, nos ayudará a no «tomarlo en forma personal» bien sea que la persona reaccione en un principio positiva o negativamente ante nosotros. No es importante que piensen que somos unos súper genios, pero es de vital importancia que tengamos conciencia de «cuál es su temperatura» y que seamos capaces de descubrir de dónde vienen mental y emocionalmente y qué puede haber en su corazón. Los mejores médicos no son los que tratan de impresionar a sus pacientes con su vasto conocimiento médico, los mejores médicos son aquellos que tienen la sabiduría para hacer las preguntas correctas y para hacer los exámenes adecuados para diagnosticar con precisión el problema de una persona de modo que después puedan prescribir una cura efectiva.

La percepción de los demás mejorará en la medida en que los ayudes a mejorar sus pensamientos

He mencionado algunas estadísticas en mis programas de libros y discos compactos que revelan la calidad de los pensamientos diarios de la persona promedio. Creo que será muy enriquecedor para nosotros revisar estas estadísticas en contexto con la superación del rechazo. Estas estadísticas también muestran cómo los pensamientos que tienen las personas mientras les estamos hablando acerca de una oportunidad o visión, afectan en gran medida su reacción hacia nosotros.

Después de llevar a cabo pruebas a miles de personas, los psicólogos y psiquiatras han determinado que las personas promedio tienen un 87% de charla personal negativa diariamente y que la persona promedio tiene entre 40.000 y 50.000 pensamientos por día.

En el contexto de superar el rechazo creo que esto es algo que tenemos que tener presente mientras estamos hablando con gente nueva acerca de nuestra visión, oportunidad o producto, o el servicio que les estamos proponiendo.

Esto significa que de los 40.000 a 50.000 pensamientos

que están pasando por la cabeza de la persona promedio diariamente, cerca de 34.800 a 43.500 son negativos. Nuevamente, tenemos que entender que si la reacción de la persona promedio hacia nosotros es menos que positiva, muy frecuentemente no tiene nada que ver con nosotros, sino en cambio, está basada en una sobrecarga de pensamientos negativos que ya estaban operando aun antes de que apareciéramos en su espacio. Como ya estaban navegando en su charla interna negativa del 87% antes de que los contactáramos tiene mucho sentido concluir que su respuesta hacia nosotros con frecuencia ni siquiera está remotamente conectada con las palabras que hemos pronunciado o la realidad de quiénes somos como seres humanos.

Ayudar a la gente a comenzar a pensar más positivamente acerca de la vida en general y la libertad con que nacieron como seres humanos es una clave importante para ayudarlos también a crear soluciones positivas en sus vidas.

Esto tiene que ver en gran medida con convertirnos en líderes que saben guiar a las personas en la dirección correcta sin que ellos ni siquiera se den cuenta que se dirigían en la dirección equivocada. De lo que estamos hablando aquí es de ayudar a la gente a superar sus inseguridades mientras que jamás les revelamos que podíamos verlas, y ayudarlos a superar pensamientos de inseguridad sin que se sientan avergonzados o incómodos en el proceso.

Estas son habilidades de liderazgo las cuales describo

con gran detalle en mi serie de doce discos compactos titulada «Sobresalga como líder». Si en estas páginas explicara todos estos conceptos y técnicas específicas acerca de cómo guiar a las personas, este libro terminaría siendo de 500 o 600 páginas, de modo que no haré eso aquí.

Pero por ahora enfoquémonos sólo en el hecho de que cuanto más pueda ayudar a las personas a convertirse en más positivas interiormente, más positivas realmente serán sus respuestas.

También, cuanto más tú y yo ayudemos a la gente a sentir más seguridad cuando están en nuestra presencia, más positivamente reaccionarán ante nosotros y a la oportunidad, visión o ideas que les estemos presentando. Cuando tienen claro que nuestros motivos son correctos y que sólo deseamos el bien para ellos, entonces podrán respirar tranquilos y estar seguros que no vamos a tratar de manipularlos de ninguna manera.

Ayudar a la gente a deshacerse de su charla interna negativa y a incrementar su charla interna basada en principios de verdad es un importante factor para crear unidad de propósito, de visión y de pensamiento. Todo esto comienza con la primera llamada telefónica o la primera reunión en donde le damos a una persona la primera dosis de nuestro carisma lleno de fe, nuestra visión basada en principios y nuestras ideas con propósito.

Durante la primera exposición que tenemos con un

nuevo prospecto—que a nuestro parecer tiene un alto nivel de charla interna negativa—es con frecuencia sabio ser directos y decirle a esta persona que tan sólo le vamos a dar unas ideas para que las revise y que podremos reunirnos más tarde para discutirlas con más detalle—bien sea que les queramos ofrecer algunas ideas, visión o una propuesta de negocios. Esto hará que la reunión sea lo suficientemente corta como para sembrar algunos pensamientos positivos y para acabar la reunión con una nota alta.

Entregarle demasiada información en la primera reunión a la gente que tiene un «87% de charla interna negativa» puede ser un poco peligroso. Si las sobrecargamos con demasiada información, en algunas de estas personas la negatividad emergerá en forma de la clásica reacción defensiva de, «No, eso no funcionará para mí,» o «Yo tengo un primo o una hermana que intentó eso y perdieron mucho dinero,» o «Nunca tendré éxito en nada».

En el otro lado de la moneda se encuentra otras personas del «87% de gente con charla interna negativa» que toman la actitud de «Ya sé de lo que me estás hablando». Si entregas demasiada información durante tu primera reunión a un «Ya sé de lo que me estás hablando» tal vez te diga en forma muy presumida que ya sabe todo acerca de lo que le estás proponiendo, y hasta es posible que te diga que conoce una mejor forma de hacerlo y que te puede sugerir una forma más fácil con la que puedes mejorar el plan que acabas de proponerle.

Toda clase de cosas extrañas pueden suceder durante el primer encuentro, pero no permites que te saquen de tu camino. Si sientes resistencia de parte de una persona durante la primera conversación y percibes que su reacción es alguna clase de rechazo, este nunca será el momento de tratar de superarle con la fuerza de tu mejor persuasión ni tratarle como adversario que necesita ser sometido y doblegado.

Este es el momento de «pasar por sobre» su reacción indeseable con algo que lo tranquilizará y le hará bajar sus defensas. Posiblemente hasta quieras ser un poco vulnerable en este punto y hacerle saber que al principio tú también tenías muchas dudas. Tal ves sea bueno hacer una lista de las dudas que tú tenías cuando estabas en el lugar en que ellos están ahora.

Por supuesto una clave muy importante aquí es nunca mencionar una duda que tú tenías si es que todavía la tienes, porque vas a querer dar una respuesta basada en la verdad y tan clara como el cristal para resolver cualquier duda en tu lista.

Si haces una lista de un número de dudas que tenías al principio de tu búsqueda y después procedes a resolverlas, tal vez descubres que con cada duda que resuelves, más estarás desarmando a la persona con la que estás hablando.

Este es también llamado el «Acercamiento de Sentir, Sentí, Descubrí.» Tú puedes responder a cada objeción simplemente diciendo, «Sabe, yo sé exactamente cómo usted se SIENTE…Cuando yo estaba pensando por primera vez en esta oportunidad o esta visión que estoy compartiendo con usted, me SENTÍ de la misma forma, pero he aquí lo que DESCUBRÍ…» Entonces, procedes a compartir la nueva información o inspiración que fue efectiva para resolver esa duda específica y remover ese punto de escepticismo del proceso de pensamiento.

Este acercamiento también es llamado «redirección». Tú estás usando el hecho de que ellos presentaron algunas dudas acerca de lo que estás compartiendo como una perfecta oportunidad para hablar acerca de las dudas que tú tuviste al comienzo, y esto te proporciona el motivo perfecto para sacar la conversación de la zona negativa y llevarla a la autopista de la verdad o de la «forma en que realmente es». Al «redireccionar» tú llevaste la conversación a un nivel más alto de verdad sin la necesidad de enfrentar un conflicto.

También, al redireccionar la conversación, eres capaz de reenfocar la atención de la otra persona y llevarla lejos de tus dudas actuales y en cambio llevarla a pensar en sus dudas pasadas y en la verdad que le ayudó a eliminarlas. Esta técnica tiene una forma maravillosa de ayudar a la persona que está escuchando a sentirse bien acerca de tener dudas, y tú estás reforzando también el hecho de que valoras y respetas los deseos de la otra persona.

Ser rico

Elevarse a un nivel más alto en donde el rechazo no

nos puede alcanzar también requiere que veamos «Ser rico» con un sentido más amplio y verdadero que la definición más comúnmente aceptada como el estereotipo mundial.

Si la gente piensa o siente que nuestra única meta al interactuar con ellos es obtener su dinero, el resultado—en la mayoría de los casos—será el rechazo inmediato.

Es importante que definamos lo que significa ser RICO en todo su alcance.

La palabra «rico» o «enriquecerse» esta incluida en el título de este libro. La conexión entre enriquecerse y superar el rechazo es muy fuerte. Si puedes vivir con la mentalidad adecuada serás capaz de superar diferentes tipos de rechazo percibidos diariamente, y sí, es cierto que esta es una clave muy importante para convertirte en una persona financieramente libre, más allá del más ambicioso de tus sueños.

Pero el más grande beneficio de ser financieramente libre va mucho más allá de las cosas actuales y del estilo de vida maravilloso que el dinero pueda comprar. El beneficio más grande de tener mucho dinero se obtiene cuando llegas a un punto en el cual ya no tienes que preocuparte más por él. Esto ocurre cuando cruzas la línea de tener más ingreso del que necesitas para sostener el estilo de vida que deseas.

Cuando tu ingreso excede la cantidad de dinero que necesitas... tú eres libre de tener que preocuparte acerca de cómo obtendrás el dinero suficiente para pagar las cuentas, tomar unas vacaciones, pagar la universidad de tus hijos, comprar un auto nuevo, donar dinero a tus caridades favoritas, etc. Muchas personas se preocupan por el dinero todos los días de sus vidas. Convertirte en alguien libre que no necesita preocuparse por cuestiones de dinero te permite enfocar tu energía mental, emocional y espiritual en las cosas que son más importantes en tu vida espiritual, tu familia, tu propósito, ser creativo, ser una persona caritativa y disfrutar de las bendiciones que están disponibles para ti en esta tierra de Dios.

Muchas personas responderán muy positivamente al preguntarles si les gustaría convertirse en alguien financieramente libre; aun así, algunas veces estas mismas personas responderán escépticamente a la idea de convertirse en personas «ricas». La razón principal para que suceda esto es que la mayoría de la gente ya ha rechazado la posibilidad de que alguna vez puedan ser personas ricas en un sentido mundialmente estereotipado.

Pero si le preguntas a cualquier persona, «¿Le gustaría salir de deudas y ganar más dinero del que necesita para pagar las cuentas de cada mes?» la respuesta de la mayoría de la gente será inevitablemente «SÍ».

El dinero es sólo parte de la ecuación, y de hecho no es el aspecto más importante de «Ser rico». Ser capaz de superar los rechazos percibidos y pasar— la primera etapa con frecuencia incómoda de una relación, es también muy importante para desarrollar relaciones ricas que soportarán la prueba del tiempo y la adversidad. Algunas de las relaciones más sólidas y valoradas, que crecen más y más fuertes a través de los años, no necesariamente comienzan de esta manera.

De hecho, algunas de las personas que son nuestros amigos o asociados actuales más cercanos tal vez no nos impresionaron, o tal vez nosotros no los impresionamos mucho, ni la primera ni la segunda vez que estuvimos con ellos. Al principio tal vez hubo algo de incomodidad, y esto tal vez te hizo hacerte muchas preguntas, y a ellos también. Algunas de estas preguntas han podido causar que, o bien tú o ellos elevaran la guardia hasta que pudieran meterse bajo la superficie de sus personalidades.

Hasta que dos personas puedan verdaderamente confiar una en la otra, es muy natural para ellos ser de alguna manera precavidos. Ser de esta manera y no abrirse totalmente a la otra persona, o ellos no abrirse totalmente a nosotros, puede, algunas veces, percibirse como un rechazo, aun cuando no sea ningún rechazo en absoluto. Es simplemente el sentimiento de no estar completamente seguro acerca de la otra persona.

Superar el rechazo también nos hace ricos en paz. Cuando ya no tenemos que lidiar con la agitación interna de estar preocupados por las opiniones de otras personas acerca de nosotros—un sentimiento de paz, calma y confianza llega a nuestras vidas. Es un hecho que muchos—si no la mayoría, están tan enfocados en obtener la aprobación de otras personas que viven con el estrés de tratar de actuar, verse, sonar y ser como la persona que creen que todo el mundo quiere que sean. Esta forma de vivir hace que la persona pierda su identidad única y se convierta en un robot que espera agradar a los demás. Aun si la gente parece agradada por su fachada continúan sin estar seguros si la gente los aceptará como son en realidad. Están en conflicto con el conocimiento de que están siempre actuando y ésta es una forma de vivir muy estresante. Cuando ya no estamos siendo controlados por si la gente nos acepta o nos rechaza es un paso muy importante hacia vivir una vida llena de paz.

Superar el rechazo beneficia cada área de nuestras vidas. Si lo resumimos en una sola palabra, la manifestación más grande de vivir una vida rica es la libertad: la libertad en nuestra vida espiritual, nuestra vida familiar, nuestra prosperidad financiera, nuestro propósito, nuestra habilidad para ser una bendición para los demás, nuestras amistades, nuestro estado mental y emocional, nuestra energía y salud física y la lista sigue y sigue y sigue...

¡Cuánto más libres seamos, más ricos somos!

Sabe que tienes un gran propósito

Para elevarnos hasta un nivel más alto en donde el rechazo no nos pueda tocar, también debemos saber que nos encontramos en este globo suspendido en el espacio con un gran destino que cumplir. Tú naciste para un gran propósito y para llevar a cabo una maravillosa visión para vivir a través de tu vida aquí en la tierra. Nadie fue dejado en este planeta por accidente, ninguna persona llegó a este planeta sin un gran propósito que cumplir. Dios nos ha creado a cada uno de nosotros con un plan específico para seguir y manifestar; tú fuiste creado a imagen y semejanza de Dios, y así tú ya tienes todo el equipo necesario para cumplir tu propósito y tu misión. El arte de vivir es aprender a usar el equipo que nos fue entregado para lograr su más grandiosa eficiencia.

Otras personas tal vez no sean capaces de ver el valor de tu propósito o identificarse con «el sitio del que provienes» pero eso está bien. ¡No necesitan hacerlo! Necesitan estar en la búsqueda de su propio propósito. De modo que si tu propósito no está en línea con el de ellos, y su visión parece estar fuera de alineación con la tuya, no te preocupes por ello. Hay varios millones de otras personas en este planeta que son posibles candidatos para trabajar contigo.

Confía en tu sistema de guía interno

Finalmente, elevarte a un nivel más alto en donde el rechazo no te pueda tocar se logra de mejor forma al simplemente ser natural y ser realmente la persona que eres. Sabe que eres especial, camina como si estuvieras en una misión para Dios, habla con la profunda convicción de un corazón puro. Sé fiel a tu propósito por la libertad y confía en que estás cumpliendo con el destino asignado por Dios.

Cuando sabes que estás actuando con «propósito» también sabrás que puedes confiar en el sistema de guía interno que trabaja muy naturalmente cuando estás siendo dirigido por un propósito y tienes un buen corazón.

Recuerdo muy claramente un vuelo en enero hacia Salt Lake City, Utah. Estábamos a punto de aterrizar en el aeropuerto cuando se escuchó al piloto en el intercomunicador haciendo un anuncio: «Buenas tardes. Si miran por sus ventanillas notarán que hay una densa niebla. Bueno, afortunadamente este jet está equipado con instrumentos que nos permitirán aterrizar sin tener que ver el suelo. Los instrumentos son tan exactos y sofisticados que el avión puede aterrizar por sí sólo con cero visibilidad.» Luego añadió, «Amigos, hay docenas de aviones que están volando alrededor de este aeropuerto ahora mismo, y si la niebla no se disipa tendrán que ser redirigidos a otro aeropuerto de modo que no se queden sin combustible, así que ustedes están volando en uno de los pocos jets que serán capaces de aterrizar en el aeropuerto de Salt Lake City esta noche.»

Así como ese avión, nosotros también tenemos un sistema que nos guía. Mucha gente evita aterrizar en cualquier cosa específica en la vida porque no creen que tendrán el conocimiento interior y la guía que necesitarán para ser capaces de continuar avanzando con la visión con la cual han estado fantaseando. Con frecuencia estas son las mismas personas que dejarán de trabajar para llegar hasta el siguiente nivel porque no les gusta el sentimiento de ser rechazados. Pero creo que todos tenemos un sistema de guía interno que nos hace saber que podemos triunfar en vez de ser las víctimas, y que la libertad está a nuestro alcance.

Cuando sabes... que sabes... que sabes... que la visión que estás construyendo es tu «suerte en la vida» y es el destino para el cual naciste, también sabes que se te ha sido entregado el sistema de guía interior necesario para navegar hacia niveles de éxito más y más altos. De modo que ¡SAL Y HAZLO SUCEDER! Tienes lo que se necesita y tienes el equipo interior para aterrizar en tu sueño y hacerlo una realidad.

Capítulo 2

Sé un rompehielos

Si tú y yo vamos a estar ampliando constantemente nuestro círculo de influencia y por lo tanto expandir nuestra visión hacia un éxito más grandioso, vamos a tener una buena cantidad de encuentros con personas con las cuales tendremos que atravesar la capa de hielo protectora antes de que cualquier comunicación valiosa pueda tener lugar. Dependiendo de lo gruesa que sea esa capa de hielo algunos individuos tal vez necesiten disfrutar del calor de nuestro carisma por un período de tiempo de modo que el hielo se derrita y se vuelva lo suficientemente delgado como para poder romperlo.

Tú y yo creceremos más fuertes en lo personal con cada experiencia exitosa de romper el hielo. Nuestra habilidad para no desistir cada vez que nos enfrentemos a algo que se siente como un rechazo resultará en que adquiriremos la sabiduría de la experiencia colectiva de mirar más allá del primer encuentro que tengamos con la gente y tomaremos el tiempo para indagar más profundamente sobre quiénes son en realidad.

No hay duda que mucha gente pierde algunas de las relaciones más grandiosas porque son demasiado sensibles y salen corriendo a la primera señal de incomodidad o cualquier cosa diferente a total aprobación.

Tenemos que tener una capa extra de «cuero duro» si vamos a tener la oportunidad de estar con gente fuerte y exitosa, porque ellos nos retarán y harán que nos esforcemos.

Cuando somos los primeros «rompiendo el hielo» para conectarnos con una persona es muy posible que ella nos dé una genuina señal de interés preguntándonos acerca de lo que sea que estamos proponiendo—aun cuando nuestra primera reacción tal vez sea la de sentirnos rechazados.

Después de dos o tres reuniones o conversaciones telefónicas, tal vez logremos acostumbrarnos a los sentimientos de incomodidad y a «romper el hielo,» y veinte años más tarde podremos estar involucrados con este individuo en una fuerte relación personal o de negocios basadas en la confianza. Con la perspectiva del tiempo transcurrido es sorprendente ver lo que podríamos haber perdido si nos hubiéramos dejado llevar por la inseguridad o si hubiéramos malinterpretado a la gente y los hubiéramos sacado de nuestras vidas demasiado rápido.

Mantente emocionalmente libre de las opiniones que tienen los demás acerca de ti

Uno de los beneficios automáticos que obtenemos mientras superamos el rechazo y aprendemos a ser unos buenos «rompehielos» es un creciente sentimiento de valor y confianza. Cada vez que tenemos un encuentro en frío con alguien y se convierte en una cálida conversación nos convertimos en personas más ricas emocionalmente. Tú eres rico emocionalmente cuando tienes un sentido de confianza lo suficientemente fuerte como para ya no preocuparte más acerca de lo que los demás piensan de ti. Estar libre de preocupaciones acerca de la opinión de los demás sobre ti es una cosa hermosa.

Sólo piensa en todo el tiempo y la energía que la gente invierte preocupándose por cómo los están clasificando los demás. Mucha gente vive la mayoría de su día tratando de «verse bien» creyendo que de alguna manera esto los hará más valiosos y aceptables.

Cuando nos convertimos en personas emocionalmente libres en las relaciones, somos libres para actuar y ganarnos la aprobación de los demás.

Verdaderamente, podemos llegar al punto en donde

no nos importa lo que piensen los demás acerca de nosotros. No estoy hablando de ignorar a todo el mundo y ser arrogante; eso definitivamente no es de lo que estoy hablando aquí.

De hecho, la gente guiada por un propósito basado en la verdad—quienes son verdaderamente libres de las opiniones de los demás, son personas que operan con un gran sentido de humildad porque se dan cuenta que las bases de su valor propio vienen del hecho de que Dios los creó a imagen y semejanza suya. Cuando sabes verdaderamente que la grandeza en tu interior es un regalo de Dios, una humildad natural viene con ese conocimiento. Tú sabes que con Dios todas las cosas son posibles y que sin Él no somos nada; cada vez que tomamos aire para respirar es un regalo.

El sueño de tener libertad en cada área de nuestras vidas es un deseo que ha sido dado a cada mujer y cada hombre por Dios, y si este deseo de libertad no nos fuera impartido, no seríamos capaces de comprender lo que significa la libertad, ni mucho menos ser capaces de creer que esa libertad es posible para nosotros.

Rechazo neutralizador

Con frecuencia percibimos que la gente nos ha rechazado porque sentimos desaprobación o insatisfacción de parte de ellos.

Sin embargo, todos los sentimientos de insatisfacción concernientes a la reacción de otra persona hacia nosotros o una circunstancia que ha ocurrido, es simplemente nuestra opinión de que el resultado ha sido indeseable.

Eran las 6:15 AM cuando me desperté y miré por la ventana. La nieve caía durante una ventisca de invierno; la temperatura era de 4 grados Fahrenheit, (-15 grados centígrados) lo cual era igual a 15 grados bajo cero (-26 grados centígrados) cuando se consideraba el viento. Pensé para mis adentros, «Desearía que estuviera soleado y caliente», y me sentí frustrado porque el clima no era como yo lo deseaba. No había nada de malo con el clima, era sólo la forma en que con frecuencia es un día de invierno en Pennsylvania y fue mi percepción la que causó mi frustración. La temperatura y la nieve simplemente contradijeron mi opinión de que ese día hubiera sido mejor si el clima hubiera estado un poco más caliente.

Algunas veces confundimos la reacción de una persona y asumimos que es una señal de rechazo porque esa persona no reaccionó de la forma que nos hubiera gustado. En realidad estamos siendo testigos de una contradicción a los resultados que deseamos.

Si podemos evitar la tentación de predeterminar la forma en que la gente debería reaccionar ante nosotros, o cómo debería desarrollarse o resolverse una situación, entonces podemos quedarnos sin estar atados al resultado ni al sentimiento de frustración, ni preocuparnos porque «algo o alguien está contra nosotros» y quiere arruinar el resultado que deseamos.

Podemos aceptar un «no» simplemente por lo que es y no como un ataque personal. Tal vez nos hubiera gustado obtener un «sí» pero no lo necesitamos para hacernos sentir más seguros. Si ya hemos decidido de antemano que daremos «lo mejor de nosotros mismos» y que pase lo que pase, estaremos bien, entonces la responsabilidad está en la otra persona y no en nosotros.

Puedo desear que la temperatura sea de 70 grados Fahrenheit (21 grados centígrados) y que esté soleado afuera, pero si está a 4 grados y hay una tormenta de nieve entonces «eso es lo que es». Si me molesto porque creo que el clima debería ser diferente estoy permitiendo que una contradicción a mi opinión controle mi actitud. Si puedo evitar tener una opinión de las cosas que no puedo controlar entonces también puedo evitar sentirme frustrado y sabré que no tengo control por las contradicciones sobre las cuales no hay forma de determinar si ocurrirían o no. En donde no hay contradicción no existe el potencial de sentirse rechazado o frustrado, y en donde no existe una opinión fija sobre las cosas que no podemos controlar nunca se presentará una contradicción.

De modo que la clave aquí es: nunca atarte emocionalmente a un resultado a no ser que puedas controlarlo. Si el resultado depende de otras personas o del clima o de otros factores fuera de tu control personal, entonces no te ates a ese resultado.

Con el tiempo podemos cambiar circunstancias y

podemos ayudar a la gente a cambiar para mejorar, pero aunque tal vez deseemos que sea diferente «la forma en que es» en este momento, es «la forma en que es», simplemente.

Hay un verso de la Biblia que dice que Abraham, «El Padre de muchas naciones», «habló de cosas que no eran como si lo fueran». No dice que «habló de cosas que eran como si no lo fueran». (Romanos 4.17) Podemos evitar muchas desilusiones y desperdiciado mucho tiempo tratando con la gente y las circunstancias al simplemente ser reales y saber que si hemos hecho lo mejor que hemos podido, entonces eso es todo lo que importa, y eso es realmente todo sobre lo que teníamos control para comenzar.

Ellos no tienen el derecho de rechazarte hasta que no han terminado con informarse

Esto se aplica a cualquier visión, misión o idea que tal vez estés presentando y poniendo a consideración de otras personas. Digamos, por ejemplo, que tú eres una persona que está promoviendo una oportunidad de negocios. Tal vez estás compartiendo tu visión con otras personas y les estés ofreciendo la oportunidad de construir su propia versión satélite de un negocio.

Mientras dibujas un panorama para poder ver los beneficios que obtendrán al unirse a tu negocio, el único rechazo que deberías recibir—que tiene méritos—debe darse sólo después de que un prospecto haya hecho el esfuerzo de estudiar diligentemente el manual de tu compañía, tu plan de mercadeo, tus productos, etc., y entienda los beneficios del negocio y de los productos. Es también esencial que el prospecto haya estado en acción con la gente, trabajando el sistema aprobado que hace que el negocio funcione.

Si una persona no ha hecho el esfuerzo diligente de estudiar y trabajar activamente con el sistema del negocio, entonces él o ella no tiene el derecho de rechazar de plano tu oportunidad. Después de investigar diligentemente, esta persona puede escoger continuar trabajando con nosotros, o tal vez no lo hagan, pero para que cualquier individuo nos rechace de plano sin revisar completamente lo que estamos proponiendo, esa persona está simplemente dando juicios sin bases.

Tengo mucho más respeto por la gente que es honesta y que simplemente dice, «Larry, no estoy en un lugar en la vida en donde desee invertir el tiempo para hacer lo que me estás proponiendo.» Tal vez no me guste esa respuesta cuando se la escucho a una persona, pero si ese es realmente el punto en donde se encuentran en la vida, por lo menos están siendo honestos en cambio de levantar alguna clase de cortina de humo o ponerse a la defensiva.

Respecto a la gente que es honesta tengo muy presente lo que un amigo me dijo recientemente y que me gustó mucho. Él dijo, «Siempre digo la verdad, porque después no tengo que tener que acordarme qué fue lo que le dije a alguien. Todo lo que tengo que hacer es recordar la verdad. La vida es mucho más simple viviéndola de esa manera.»

Como hábiles «rompehielos», realmente está bajo nuestro control que tengamos una reacción negativa al «rechazo percibido» de otra persona o una reacción positiva «basada en la verdad». Si la opción de dejar de construir nuestra visión, misión o negocio todavía es una posibilidad, y todavía tenemos muchas dudas y temores, entonces las reacciones de otras personas podrán disuadirnos muy fácilmente. Pero si hemos predeterminado que renunciar no es una opción y que vamos a hacer lo que sea necesario para hacer que nuestro sueño se convierta en realidad, las reacciones de otras personas no tendrán el poder de detenernos y de ni siquiera bajarnos la velocidad.

Uso las palabras «rechazo percibido» porque nuestras reacciones están siendo siempre controladas por nuestra percepción de la experiencia. Bien sea que nuestros pensamientos sean verdaderos o errados, éstos determinan la precisión de nuestra percepción y nuestra habilidad para ver cuál era en realidad el «rechazo percibido,» por qué se dio, o si bien era legítimo del todo.

Vernos a nosotros mismos y a los demás con precisión, con «principios de éxito basados en la verdad», nos da la habilidad para evaluar y calificar cada «encuentro cercano del tipo rechazo» y compararlo con el estándar de «la verdad» o «de la forma en que realmente es».

Esto revela lo que realmente está sucediendo debajo y a espaldas del «rechazo percibido». En la medida en que practiques la mentalidad expuesta en este libro serás capaz de neutralizar los efectos y sentimientos negativos, los cuales en el pasado tal vez han surgido tras un «encuentro cercano del tipo rechazo».

También verás claramente si necesitas hacer algún ajuste para corregir tu percepción del rechazo, o si bien la persona con la que estás tratando necesita hacer un ajuste en su manera de pensar.

Si necesitas hacer un ajuste en tu forma de pensar, simplemente refiérete a la verdad y continúa avanzando. Si ves que la otra persona necesita hacer un ajuste en su forma de pensar puedes tratar de ayudarla a hacerlo. Si esa persona se ajusta y decide ir con la corriente, puedes seguir avanzando con ella; si se rehúsa a hacer cualquier ajuste en su forma de pensar, entonces tú puedes salir de su presencia muy cortésmente de modo que esa distorsionada percepción no comience a afectarte.

No hay necesidad de quedarse alrededor de personas negativas hasta que uno comience a sentirse agotado, porque entonces su nivel de verdad comienza a bajar. Hay una frase en el libro de Proverbios que dice, «Cuida tu corazón con toda diligencia porque de él emanan los asuntos de la vida». (Proverbios 4.23)

Puedes mantener tu pensamiento acorde con las leyes del éxito y con los principios básicos de verdad cuando se expone brevemente a las personas más negativas.

Pero es mejor alejarse de estos drenadores de energía tan pronto como sea posible.

«Cuida tu corazón con toda diligencia porque de él emanan los asuntos de la vida.» Cuando tu corazón está en lo cierto y tienes un buen plan de acción, junto con la voluntad de trabajar incansablemente mientras crees en tu misión con toda convicción, nada de lo que te has propuesto alcanzar será imposible para ti.

Sin embargo, a veces, las probabilidades tal vez parezcan ser insuperables. A veces, la gente parece estar trabajando contra nosotros; a veces el clima parece ser nuestro adversario y demora nuestros planes de avanzar. La tendencia de la percepción de una persona es a creer que de alguna manera las cosas se solucionarán.

Si el aeropuerto está cerrado debido a un inclemente mal tiempo, entonces mañana el clima será más favorable para el viaje. Las últimas tres personas a las cuales has presentado tu visión e ideas tal vez no parecieron ni un poco interesadas.

De hecho, a veces una persona tal vez pueda ser muy dura contigo, pero mientras lees tu siempre-creciente lista de personas a las cuales llamarás en los próximos días, sabes que existen unos verdaderos ganadores en algún lugar. De modo que sólo necesitas continuar excavando hasta que encuentres el oro, ésta es la clase de actitud que hace que siempre continúes avanzando y tiene un efecto acumulativo y multiplicador cuando se lo mantiene todos los días.

Cualquiera que continúe avanzando enfrentando el rechazo, inevitablemente se abrirá paso hasta el siguiente nivel más alto de su sueño o propósito y al siguiente nivel más alto de libertad en su vida espiritual, mental, relacional, financiera y en cada una de las otras áreas de su vida.

La gente tal vez malinterprete tu fortaleza

Cualquier persona que esté viviendo verdaderamente dentro de «la grandeza de Dios» caminará con humildad genuina, pero existe la posibilidad de que algunas personas no lo perciban como humilde y a veces malinterpretarán su pasión y propósito mientras se aventura a «romper el hielo». El o ella hasta llegue a acusarte de ser egocéntrico. Frecuentemente, aquellos que te acusan de ser egocéntrico no les agrada que tú no encajes con la persona que piensan que deberías ser.

Si no tenemos unas buenas bases para nuestros principios de verdad en nuestras vidas, tal vez nos hagan temblar las opiniones distorsionadas de los demás, pero cuando hemos llegado espiritual, mental y emocionalmente al punto en donde vivimos nuestras vidas alineados con una conciencia de principios basados en la verdad, tenemos la habilidad de mantenernos alejados del pensamiento distorsionado de otras personas.

Aun cuando las otras personas están totalmente enfocados en lo externo y superficial, si sabemos que nuestra verdadera identidad es quiénes somos en nuestro interior, entonces podemos vivir nuestras vidas con este lema: «Las opiniones de otras personas sobre mí no son de mi incumbencia espiritual».

Tú descubrirás que, la mayoría de las veces, la gente que critica reaccionará a tu libertad con negatividad. Si es posible, puedes desviar sus dardos de comentarios pesados y sus flechas de negatividad al influir sobre ellos para hacerlos pensar más positivamente. Si no llegasen a aceptar una forma más positiva de pensar, puedes dejar simplemente que sus dardos de negatividad reboten en ti mientras planeas una salida rápida, o así como solía decir mi madre, «Deja que te resbale así como resbala el agua por la espalda de un pato».

En realidad, la mayoría de la gente que tiene una reacción negativa hacia nosotros cuando nos ve avanzando hacia el siguiente nivel de nuestra libertad, no están reaccionando contra nosotros. Con frecuencia también están reaccionando a sus propios sueños de libertad rechazados.

Tú simplemente les estás recordando del hecho que se han conformado a una existencia en un nivel más bajo de zona de comodidad. No es tu culpa que estén rehusando avanzar y subir a más altos niveles en la vida, pero muchas de estas personas tratarán de hacerte sentir culpable porque tú no estás dispuesto a conformarte y quedarte en un nivel más bajo con ellos.

Un balance de fortaleza y humildad

Mientras que vivamos con un balance de fortaleza y humildad, aprenderemos el arte de ser fuertes sin ser rudos o arrogantes. Cuando estés surgiendo desde el «verdadero tú» estarás cumpliendo con tu verdadero destino.

Cuando los perros tienen bebes, tienen cachorros; cuando los conejos tienen bebes, tienen conejitos; y cuando Dios el creador tiene hijos, sólo tiene sentido que hayamos nacido para crear algo maravilloso, porque la descendencia siempre será parecida a sus padres.

El «verdadero tú» es quien eres en el interior. Si colocas tu mano sobre tu pecho y dices estas palabras, «Vivo aquí adentro», te sentirás y permanecerás como testigo de esta verdad. Tú no eres tu cuerpo físico, no eres tu mente, tu voluntad o tus emociones; éstas son sólo herramientas que nos han sido entregadas mientras permanecemos en la Tierra. El verdadero tú está en donde se encuentra tu verdadera fortaleza, y es de donde proviene la creatividad que te ha dado Dios.

Ahora, si no estás de acuerdo conmigo en este punto, no me sentiré ofendido, pero si piensas en cuán temporal y frágiles son nuestros cuerpos físicos, nuestras mentes, nuestra voluntad y nuestras emociones, no te tomará mucho tiempo darte cuenta que nuestra verdadera sustancia está en el lugar más profundo de nuestro interior, en el corazón de nuestro corazón. Aquí es en donde obtenemos la fortaleza y la inspiración para avanzar esa milla extra y eliminar las limitaciones percibidas y los límites preconcebidos.

Si, cuando nuestro sueño y propósito interiores son lo suficientemente grandes, entonces los hechos no cuentan. Cuando el propósito es lo suficientemente grande y tenemos fe—así como la semilla de mostaza es pura, sin contaminación, entonces podremos mover montañas.

Existe una gran fortaleza que viene de saber que todos somos semejantes al Creador y que nacimos para crear. Saber que nacimos con el propósito de ser libres y de tener una visión de ayudar a liderar a muchas otras personas hacia la libertad, es una forma de vivir muy poderosa.

Sin embargo, ser fuertes mientras que todavía es agradable para la gente estar a nuestro alrededor es una forma de arte. Debemos asegurarnos de ser fuertes sin imponer esa fuerza sobre la gente; también debe existir esa paz y calma que la gente siente cuando está en nuestra presencia. A la gente le agrada estar alrededor de otras personas fuertes y centradas, y se siente seguro en la presencia de una persona fuerte en la medida en que esa persona tenga su ego bajo control.

Es también cierto que a la gente fuerte y con propósito le agrada estar con otras personas también fuertes y con propósito. Es un deleite para las personas fuertes y centradas estar ante la presencia de otras personas fuertes y centradas porque tienen la oportunidad de relajarse y no preocuparse por ser arrastrados hacia conversaciones que drenan energía.

Otra de las razones por las cuales a la gente fuerte le agrada estar rodeada de otras personas fuertes es que pueden entender el lenguaje basado en el propósito que utilizan. La gente centrada y orientada hacia un propósito habla acerca de posibilidades y visión, y de una misión hacia el futuro. Están dispuestos y listos a liberarse del *status quo* y a atreverse a hacer lo que los demás piensan que es imposible.

De modo que cuando la gente orientada hacia un propósito se reúne hay una profunda relación y una fuerte corriente que no es forzada ni impuesta. Es simplemente una mutua pertenencia y empatía que la gente de gran visión y propósito tiene automáticamente con otras personas de visión y propósito. Hablan y escuchan con el corazón y responden de acuerdo con lo que sienten en él.

Esto se da tan natural como lo que acabo de mencionar con respecto a la gente fuerte y centrada—puede sentirse poco natural cuando hablan con gente insegura y poco centradas.

Sabe en dónde se encuentra la salida de emergencia

Aun cuando deseamos ayudar a cuanta gente nos sea posible a convertirse en personas libres y ayudarlos a alcanzar el nivel más alto posible para ellos en la vida, no hay necesidad de tratar de forzar a la gente a cambiar o forzar las cosas para que sucedan. Sí, la persistencia es necesaria, y debemos actuar con un sentido de urgencia cada día y con pasión para ayudar a guiar a la gente para que continúe avanzando.

Pero también es vital que sepamos en dónde se encuentra la salida de emergencia de modo que sepamos cómo salir de allí si la conversación se torna tóxica o drenadora de energía. Algunas de estas personas drenadoras de energía tal vez sean miembros de la familia o los vecinos, pero cualquiera que sea la relación, no podemos darnos el lujo de pasar demasiado tiempo con personas de ese tipo de pensamiento. Tal vez sea gente que amamos, pero aun así no pasemos una gran cantidad de tiempo con ellos.

Todos tenemos gente de treinta minutos, de quince minutos, de cinco minutos, un minuto, diez segundos, cinco segundos, y aun personas de un segundo en nuestras vidas. Después de que estamos con estas personas por un cierto número de minutos o segundos comienzan a drenar nuestra energía. De modo que el mejor acercamiento con estos personajes es saber cómo alejarnos de ellos antes de que comience el drenado de energía.

Podemos disculparnos de su presencia muy amablemente, y ellos probablemente ni siquiera sepan que nos «estamos escapando» hacia un ambiente más sano y enriquecedor.

En nuestras relaciones de negocios es de la misma forma, aun cuando tal vez queríamos hacer cierto negocio. Es también mejor en el ambiente de los negocios saber en dónde se encuentra la salida de emergencia si las cosas comienzan a ponerse complicadas y comenzamos a sentir que la gente con la que estamos tratando no está en nuestro mismo nivel. Es muy conveniente saber de primera mano en dónde se encuentra la salida de emergencia de modo que pueda escaparse rápidamente si se necesita.

He estado hablando un poco en broma acerca de eso aquí, pero en serio, la verdad es que la mayoría de los negocios en los que nos hemos involucrado cuando hemos sentido que la gente no es honorable o guiada por su propósito con frecuencia han terminado en fracasos. Con frecuencia he perdido tiempo y dinero por esto y mi reputación también se ha visto afectada en el proceso.

Algunas veces, la razón por la cual la gente invertirá tiempo, energía y dinero para hacer negocios con gente cuestionable puede ser porque piensan que necesitan a esa persona específica para triunfar, sin darse cuenta que tal vez otra persona más sólida y con propósito tal vez se encuentre a la vuelta de la esquina.

La gente hace muchos compromisos en lo personal y profesional que más tarde lamenta, desde entrenar al equipo de la pequeña liga hasta hacer un negocio, y termina perdiendo tiempo precioso, energía y recursos. Al final, termina deseando no haber cedido a la manipulación de los demás al involucrarlos. Es sorprendente cuánto dolor, pérdida y molestia puede ser evitada si no somos controlados por las opiniones de los demás.

Las únicas opiniones que realmente importan

Para ser un hábil «rompehielos» es útil tener un grupo de apoyo. Las únicas opiniones que deben preocuparnos son las de aquellas personas que sabemos que tienen principios y un propósito basado en la verdad.

Es muy valioso saber lo que piensan nuestros mentores de nosotros, o lo que piensan aquellos que tienen la misma visión que la nuestra. Recibir información de aquellos que están conectados con nosotros por lo que sentimos en nuestro corazón es de gran valor. Si sabemos que sus corazones son puros y libres de egoísmo entonces lo que ellos piensan debe significar mucho para nosotros porque sabemos que son sinceros y quieren lo mejor para nosotros.

Es aun más poderoso cuando tenemos una verdadera y profunda relación con la gente con la que estamos trabajando cuando se trata de llegar al siguiente nivel más alto. Hay un gran poder que va de la mano con la sinergia de la unidad de nuestro éxito al estar conectada con el de ellos y viceversa. El pequeño círculo interior de gente con la que estás conectada verdaderamente al nivel del corazón, son las únicas con las cuales más te conviene sentirte responsable.

Responsabilidad con nuestro mentor y con un pequeño grupo de gente con la misma mentalidad creativa no es sólo algo bueno, es esencial para nuestro máximo desarrollo espiritual, mental, emocional y en los negocios.

Un Centurión (un oficial líder de más de 100 soldados en el ejército romano) se acercó a Jesús pidiéndole que sanara a su sirviente y Jesús quedó «maravillado» con la fe de este hombre. El Centurión tuvo una simple pero profunda revelación—sabía que como oficial del ejército romano tenía gran autoridad—pero también sabía que la tenía porque él a su vez estaba «bajo la autoridad» de todo el gobierno romano. Él también reconoció eso porque Jesús tenía autoridad para «pronunciar tan sólo una palabra y su sirviente sería sanado».

El principio basado en la verdad que se ilustra aquí es simplemente que para «tener verdadera autoridad» primero debemos estar «bajo autoridad». Cualquier persona que dice, «No necesito un mentor—puedo hacerlo yo mismo» es una persona que no sólo se está engañando a sí misma sino que también está trabajando en contradicción con su principio basado en la verdad.

Todos necesitamos de personas en las cuales podamos confiar completamente. Existe una gran diferencia entre tener personas en nuestras vidas a las cuales les agradamos y personas que nos amen verdaderamente lo suficiente como para decirnos la verdad en cada situación. Tal vez se sienta bien temporalmente tener gente que siempre dice «Sí» en nuestras vidas, que nos dicen lo que deseamos escuchar en vez de decirnos lo que necesitamos escuchar. Pero al largo plazo, el valor más grandioso es tener un mentor que nos «ame» en lugar de sólo encontrarnos agradables.

Las personas a las cuales somos más vulnerables deben ser aquellas con las cuales tenemos seguridad estando bajo su autoridad. Estas personas tal vez no sean muchas, pero son muy preciadas, y de alguna manera nuestra conexión con ellas es generalmente tan valiosa para ellos como lo es para nosotros.

Aprende a superar el rechazo al observar a tu mentor

Espero que tengas un fuerte mentor al cual puedes acudir, del cual puedes aprender y el cual puedes duplicar de muchas formas. Una lección muy valiosa que puedes aprender de tu mentor es como él o ella maneja el rechazo. Observa el lenguaje corporal de tu mentor cuando alguien está rechazando sus ideas, ¿acaso sube o baja el tono de su voz? ¿Acaso comienza a hablar más rápido o más despacio después de que la persona con la que habla lo ha rechazado a él o a sus ideas, o quizás hasta lo ha insultado de alguna forma? Aprenderás muchísimo al observarlo detenidamente y al tomar notas mentales, tal vez hasta sea bueno escribir esas notas mientras estás experimentando la educación en destreza en la interacción humana de primera mano. Es más lo que puedes aprender en la presencia de tu mentor, aún más allá de lo que deliberadamente te ha sido enseñado.

Recuerdo haber escuchado a cierto hombre hablando de sus grandiosos logros y luego hizo mucho énfasis en que los demás podrían lograr exactamente lo mismo si tan sólo siguieran sus simples instrucciones. Después de su explicación sobre las cosas sorprendentes que había logrado, podía saber por la expresión en las caras de las personas que le escuchaban que estaban impresionadas con su historia de éxito. Él ya había visto esa mirada antes y sabía que estas personas lo estaban viendo como alguien que había logrado tener un golpe de suerte que probablemente no se daría para ellos, eso hizo que los que escuchaban estuvieran desligados del hecho que estos logros fueran también posibles para ellos. Aun cuando su reacción fue positiva la mayor parte del tiempo, su asombro extremo había extendido una barrera entre él y ellos, y ahora él se encontró puesto en un pedestal por los que lo habían escuchado.

Mientras él observaba esto noté que hizo inmediatamente un ajuste para ayudar a los que lo escuchaban a hacer un cambio en su percepción. Una vez que sintió la separación, rápidamente hizo este enunciado: «No estoy diciendo todo esto para impresionarlos, digo esto para dejarles muy claro que si siguen los mismos pasos que yo he recorrido entonces podrán lograr lo mismo que yo he logrado, y tal vez algo más grandioso». Sólo entonces continuó con su presentación. Al hacer ese enunciado, se quitó la atención de sí mismo y la dirigió hacia los principios de éxito y leyes que había estado practicando, por lo tanto, dándoles más importancia que a sí mismo.

La cosa clave para recordar aquí es no caer en la trampa de verse a sí mismo a través de los ojos de otras personas—es importante no impresionarnos demasiado por los demás cuando están impresionados con nosotros.

Debemos ser conscientes que los elogios y la desaprobación pueden, a veces, ser impostores. No es raro que le agrademos a la gente en un momento, y luego, sin una razón obvia, nos demuestren desaprobación en el siguiente momento. Si nos hacen a un lado, bien sea por elogios o por desaprobación, estaremos imposibilitados para quedarnos aferrados a los principios de éxito basados en la verdad porque le hemos dado más importancia a la opinión de la gente que al principio mismo.

La mayoría de la gente ve con frecuencia una imagen distorsionada de nosotros y de ellos mismos en contexto con cualquier conversación o interacción que tengamos con ellos. Así como lo anoté anteriormente, en muchos casos, la gente está tan ocupada creando en sus mentes lo que quiere decir enseguida que está distraído y no está escuchando verdaderamente a la persona que está hablando con ellos.

Si tú o yo nos preocupamos por el deseo de impresionar a la otra persona con nuestro brillante comentario, nuestra habilidad para escuchar se ve afectada y tal vez nos perdamos los puntos más importantes que la otra persona nos está comunicando a través de las palabras, lenguaje corporal y carisma. Frecuentemente, lo que una persona está diciendo con las palabras es lo menos importante del mensaje. En muchos casos las palabras que pronuncia una persona son el reemplazo de lo que no nos quieren revelar.

Por ejemplo, una persona generalmente no desearía salir a decir, «Siento que soy demasiado inseguro para creer que puedo ser financieramente exitoso». En cambio, tal vez digan, «No puedo unirme a su oportunidad de negocios porque ya estoy demasiado ocupado y no tengo tiempo para hacer nada más de lo que ya estoy haciendo actualmente». Cuando la gente se inventa excusas para no triunfar, con frecuencia están simplemente tratando de evitar el fracaso. Tan extraño como pueda parecer, es muy común para la gente pensar que si nunca intentan nada nuevo entonces no tienen por qué preocuparse por fracasar.

Para ser un «rompehielos» experto se requiere de enfoque y concentración para poder localizar las áreas de las vidas de las personas con las que sienten que no están plenos o que carecen de algo. Si podemos localizar estas áreas de la vida en las cuales ellos sienten que les falta algo, seamos más capaces de mostrarles cómo la oportunidad, visión o idea que les presentemos, será capaz de proveerles con una experiencia de vida más plena.

Un gran «rompehielos» no sólo necesita discernir las necesidades que tiene una persona, sino que mientras derrite y rompe el hielo, él o ella también tiene que ser capaz de escuchar completamente y enfocarse en lo que hay tras las palabras que pronuncia una persona. Se requiere de nuestra completa atención para interpretar las inseguridades, temores, fortalezas y potencialidades escondidas que con frecuencia son reveladas sólo en las más sutiles instancias de una conversación.

Discernir exactamente cuáles son las debilidades de las personas es el primer paso para ser capaces de ayudarlos a avanzar más allá de ellas, de desatorarse y liberarse para llegar a niveles más altos.

Si simplemente somos nosotros mismos y las mejores personas que podamos ser, será más fácil evitar estar preocupados con la necesidad de ser aprobados por los demás y de prestar atención a sus necesidades. Cuando sus necesidades son satisfechas, las nuestras también lo serán.

Sí, es cierto, y necesitamos recordarnos estas verdades constantemente a nosotros mismos. «Si puedes ayudar a un número suficiente de personas a obtener lo que desean, entonces tú, inevitablemente también terminarás obteniendo lo que deseas.» Y, «si ayudas al suficiente número de personas a llegar a su siguiente nivel más alto, entonces tú automáticamente terminarás en tu siguiente nivel más alto.» Esta es una ley que no fallará: «Entrega, y de alguna manera recibirás». (Lucas 6.38)

Mientras observas a un mentor exitoso, lograrás aprender detalles muy valiosos y estrategias que incrementarán tu habilidad en el trato personal. Esto será mucho más valioso que un saco lleno de oro o una caja de diamantes.

Aprendí una lección muy valiosa de una persona muy exitosa hace algunos años: «Haga siempre que la visión o la oportunidad sean la estrella». La gente se puede relacionar con una visión o una oportunidad como la «estrella» mejor de lo que puede relacionar contigo como la «estrella».

Una vez escuché a un hombre contar sobre su descubrimiento que la ubicación de una reunión hace toda la diferencia en él número de nuevos asociados que podía obtener.

Comenzó invitando gente a su yate de diez millones de dólares—pensó que se sentirían impresionados ya que su oportunidad de negocios le había permitido darse este lujo, y por lo tanto, estarían convencidos que este mismo negocio les podría ofrecer lujos similares para ellos. Lo que descubrió fue justamente lo contrario, traer gente a su yate en realidad se convirtió en una barrera que evitó que se dieran cuenta del hecho que esa oportunidad de negocios funcionaría para ellos.

Era demasiado el esfuerzo para ellos creer que podrían obtener un yate de diez millones de dólares—sus necesidades verdaderas eran creer que podrían pagar todas sus deudas o tal vez disfrutar de unas agradables vacaciones en Disney World.

De modo que este hombre cambió su estrategia y comenzó a mostrarle a la gente su oportunidad, bien fuera en la cocina de la casa de ellos o en un restaurante informal. Algunas veces escribía los números y los detalles de su oportunidad en una servilleta o en un papel cualquiera en un restaurante, y cuando hizo estos cambios, el número de personas que reclutó se incrementó en un 90%.

Algunas veces es por ensayo y error que descubrimos la forma más efectiva de ayudar a la gente a cambiar y a ser más abierta y receptiva.

Sí, romper el hielo requerirá que nos coloquemos en los zapatos de la otra persona lo suficiente como para ser capaces de hacer una conexión sólida. Ser un buen o excelente rompehielos tiene mucho que ver con atravesar las barreras escondidas que la gente ha construido para protegerse de ser usados o manipulados. Romper el hielo cuando estamos proponiendo por primera vez una nueva idea a una persona es también una cuestión de operar con compasión por la condición humana, lo cual es ampliamente difundido en el mundo en el cual vivimos.

Hay más gente insegura que gente confiada en este planeta, y hay más gente tratando de esconderse tras una fachada que la cantidad de gente abierta y transparente. Entender que la mayoría de la gente necesitará de nuestro refuerzo y de nuestra validación positiva nos ayudará a ser más conscientes de sus necesidades más profundas. Concentrarnos en permanecer conscientes de sus necesidades nos ayudará a hacer una conexión más genuina con ellos, atravesar la barrera de su coraza protectora y llegar al corazón de quienes son en realidad.

Capítulo 3

Elimina «el temor a la gente»

Déjame hacerte una pregunta: ¿Qué pasaría si pudieras eliminar totalmente y deshacerte completamente de una cosa, de eso llamado «el temor a la gente»? ¿Qué diferencia haría esto en tu habilidad para promover y reclutar a otras personas en tu visión, misión o negocio?

Por supuesto, no son los seres humanos físicos con los que tratamos a los que tememos—lo que con frecuencia nos da temor es la posibilidad de que nos rechacen. Hay excepciones a esta regla, por supuesto, así como en una situación cuando alguien tal vez esté enojado con nosotros hasta el punto de amenazarnos físicamente. En este caso, un cierto tipo de temor es en realidad una forma de sabiduría y nos puede ayudar a producir la muy necesitada adrenalina que nos capacitará para hacer lo que sea necesario para alejarnos de esa persona sin ser lastimados. Pero en la mayoría de los casos en realidad no le tememos a esa persona tanto como le tememos a que su opinión de nosotros sea negativa.

Si te pudiera garantizar que las próximas cien personas que llames por teléfono o con los que te reúnas en persona estarán más que dispuestos a apoyarte en cualquiera que sea: la idea, visión, misión o negocio que les propongas, ¿qué tan rápido comenzarías a marcar el teléfono para hacer esos contactos iniciales con esas próximas cien personas? ¿Qué pasaría si pudiera garantizarte que las próximas cien personas que contactarás dirían, «Estoy tan contento que me hayas contactado, de hecho había estado esperando que me llamaras para darme la oportunidad de trabajar contigo y estoy muy emocionado con tus ideas. Me sentiría muy honrado si pudiera tener la oportunidad de unirme a ti en la visión en la que estás trabajando para hacerla una realidad. No puedo esperar a comenzar. Solamente dime cuándo y en dónde debo estar y estoy contigo en un ciento por ciento»?

Si te garantizaran esta respuesta ¿sentirías temor de levantar el teléfono para llamar a la persona a la cual consideras la más inteligente, brillante e influyente que conoces?

Por supuesto no te puedo garantizar que esto sucederá;

de hecho, te puedo garantizar que mucha gente no responderá positivamente cuando los contactes por primera vez con cualquier idea nueva.

Pero lo que muestra muy claramente esta ilustración de las «próximas cien personas» es que si nos podemos mantener libres de temor a cómo reaccionarán esas personas ante nosotros, entonces el miedo a promocionar nuestra visión e ideas desaparecerá. Si podemos permanecer desligados mental y emocionalmente de cualquiera que sea esa primera reacción de la persona, seremos capaces de remover exitosamente el temor de la gente al mismo tiempo que removemos exitosamente la necesidad de que nos aprueben a nosotros y a nuestras ideas.

Es un hecho que mucha gente no tiene una razón verdadera basada en la verdad para rechazarnos— de hecho, con frecuencia se preocupan por cuál será nuestra opinión sobre ellos. Entonces su mecanismo de defensa entra en acción y siguen en «estado de supervivencia automática» para preservar su imagen percibida a cualquier costo.

Lo que sabes determina quién querrá conocerte

Profundicemos un poco más en este punto. Es importante a quién conoces pues existe una gran ventaja en conocer y ser aceptados por la gente adecuada. Pero esto es secundario ante «lo que tú sabes». El principio espiritual base, «y conocerás la verdad, y la verdad te hará libre,» es una ley que funciona cuando avanzamos, no cuando retrocedemos. Bien sea que conozcamos la verdad o creamos en una falsedad, determinará si la gente siente un atractivo o repulsivo carisma cuando se encuentren con nosotros.

Sí, todavía es cierto, y siempre será cierto que, «así como piensa un hombre o una mujer, en eso se convertirán,» y «somos transformados por la renovación de nuestra mente.»

El hecho simple es que si no tenemos unos fuertes cimientos de pensamientos basados en la verdad acerca de nosotros mismos, nuestro propósito y nuestro verdadero valor, finalmente sentiremos temor a ser rechazados por los demás. Y si tenemos miedo a ser rechazados por otros seres humanos, este «temor al rechazo» nos hará proyectar un «carisma inseguro» que hará que la gente querrá alejarse de nosotros tan rápido como puedan. Por lo tanto, «así como lo pensamos que sería, así fue para nosotros» y muy seguramente, cada vez sucederá justo exactamente como verdaderamente creemos que lo hará.

Eliminar «el temor a la gente» es un paso vital que es necesario para poder llegar al siguiente nivel en la vida, los negocios, las relaciones y en cualquier otra área de la vida. El «miedo a la gente» está basado en una percepción incorrecta de nosotros mismos y de los demás. Para superar esto debemos vernos a nosotros mismos y a la demás gente, correcta y verdaderamente.

Nuestra habilidad para ser persistentes e imparables es,

en gran medida, determinada por nuestra percepción. ¿Por qué algunas personas, que parecen tener menos ventajas, continúan avanzando y ganan las grandes victorias y éxitos en la vida, mientras que otras, que parecen tener todas las ventajas y aparentemente tienen todo a su favor, se rinden y abandonan sus sueños conformándose en un nivel más bajo? Esto sucede porque una persona tuvo la percepción de que su propósito en la vida es llegar a niveles más y más altos de libertad y bendiciones, y la otra se percibió a sí misma como incapaz o de poco valor para merecer algo mejor en la vida.

No es la que mejor se ve, ni la más inteligente, ni la persona con la mejor educación la que sale adelante en la vida. Es aquella con la percepción correcta, el sistema adecuado de creencias y la clase adecuada de carisma.

Cuando presentamos una idea, una oportunidad de negocios o cualquier clase de visión o plan a otra persona, obviamente queremos que digan «Sí, me uniré a ti y te apoyaré.» Queremos que digan, «Es una gran idea…quiero comenzar con este proyecto contigo ahora mismo. ¿Cómo hacemos para hacerlo suceder lo más rápido posible?»

Sin embargo, si has trabajado con personas por mucho tiempo, sabes tan bien como yo que ésta no es la respuesta típica. Lo que es más importante en ese momento no es que estén poniendo resistencia o que parezca que nos están rechazando—lo que es más importante es que sepamos cómo controlar nuestra percepción de lo que realmente está sucediendo con la interacción entre nosotros.

Toda la procrastinación (el aplazamiento), el temor, la inseguridad, etc., es el resultado de una deficiencia de verdad en nuestros pensamientos. Así mismo como una deficiencia de vitaminas debilita nuestros cuerpos, una deficiencia de verdad debilitará nuestra fe y percepción.

Una percepción distorsionada generalmente causa procrastinación de nuestra parte y se evidencia cuando evitamos una tarea, hacer llamadas telefónicas o reunirnos con la gente. Recuerde esto: «Una percepción basada en la verdad produce una persistencia imparable.»

Inspecciona los motivos y motivaciones de las personas

¿Qué es lo que los motiva en realidad? Si investigas y haces preguntas al principio y al final de la conversación, con frecuencia obtendrás grandes beneficios al final. ¿Cuáles son los motivos que los guían? Descubrir lo que tú piensas de ellos es más importante que lo que ellos piensan de ti.

Si te concentras en descubrir sus motivos y motivaciones, no sólo con frecuencia descubrirás lo que más desean en la vida, sino que también descubrirás algo más importante: por qué lo quieren. Para concentrarnos totalmente en la otra persona, debemos quitar el enfoque de nuestra concentración de nosotros mismos. En la medida en que nos veamos envueltos en el enredo de estar preocupados por lo que están pensando de nosotros, nos convertimos en el «necesitado» exponiéndonos a ser manipulados por ellos.

El hecho es que puedes concentrarte en ellos y en ti al mismo tiempo. De hecho, tu habilidad para hacerle saber a otras personas que realmente estás interesado en ellas y en sus necesidades, determinará en últimas qué tanto quieran abrirse a ti para revelar más de sí mismos. El principio a recordar aquí es: «A la gente no le preocupa tanto lo que tú sabes hasta que saben lo mucho que te preocupas por ellos».

Vigila el estado emocional de los demás

Cada vez que puedes hacer que la gente se sienta mejor consigo misma o mejor acerca de su vida en general, tendrás una gran ventaja en comunicarte y trabajar con ellos.

Mucha gente necesita algo de apoyo emocional de modo que puedan creer que pueden triunfar, pero existen algunas excepciones a esta regla. De vez en cuando tú o yo encontraremos a una persona que ya está en un lugar en su mente y en su corazón que la capacita para tener la confianza de asumir grandes retos y creer que tiene «lo que se necesita» para hacerlo suceder. Pero encontrarse con este tipo de personas es muy raro.

Al principio, la mayoría de la gente no está de acuerdo con unirse a nosotros en la búsqueda porque realmente no creen que serán exitosos o no creen que la oportunidad que les estamos ofreciendo en realidad funcionará para ellos. Entonces, si la mayoría de la gente no tiene la confianza para estar seguros que van a triunfar, ¿cuál es la razón principal por la cual muchos de ellos dicen sí y deciden unirse a nosotros? Es simplemente porque les gustó como se sintieron al estar con nosotros.

Es importante que repitamos y reforcemos estos principios diariamente: La razón principal por la cual la mayoría de la gente decide en un comienzo unirse a nosotros en cualquier proyecto o búsqueda es porque les ayudamos a sentirse bien consigo mismos cuando estaban en nuestra presencia.

Para que la gente se sienta bien cuando están en nuestra presencia debemos estar continuamente conscientes que estamos cumpliendo con los requerimientos emocionales de la persona con la que estamos hablando. Para poder hacer esto primero debemos revisarnos nosotros mismos y asegurarnos que no nos estamos sintiendo «necesitados» en nuestro actual estado emocional. Si la gente observa que necesitamos de su aprobación entonces nos sentiremos inseguros y dudaremos de nosotros mismos.

Mientras nos mantenemos fuertemente conscientes de la verdad de «quién somos en realidad,» somos libres para enfocarnos completamente en las necesidades emocionales de los demás.

¿Acaso necesitan ser aceptados? ¿Acaso necesitan sentirse a salvo? ¿Necesitan saber que tienen lo que se requiere para hacerlo suceder? ¿Necesitan hacer más preguntas? ¿Necesitan sentirse más importantes? Si puedes ayudarlos a eliminar sus deficiencias emocionales estarán mucho más dispuestos a responderte mejor y mucho menos dispuestos a rechazarte, a ti y a tus ideas.

Si tienes unas bases de verdad lo suficientemente fuertes de modo que no necesites una gratificación instantánea de apoyo emocional de parte de los demás, entonces serás libre para apoyarlos emocionalmente y proyectarás un carisma que les dará esperanza y confianza.

Estar pendiente del estado emocional del otro individuo nos da una habilidad única para mantener nuestra interacción con él o ella en el camino correcto y nos ayuda a evitar conversaciones sin significado. Estamos todo el tiempo con el control y establecemos nuestra primera prioridad, guiar la conversación en una dirección que sea la mejor y la más benéfica para nosotros y para la otra persona.

En realidad no necesitas a ninguna persona o a ningún acuerdo de negocios en particular

Habrá otra persona y otro acuerdo que se presentará en el próximo minuto, día o semana.

Decide con anticipación que en realidad no necesitas a

esa persona o a ese acuerdo de negocios y que podrías alejarte de allí sin obtener aprobación y todavía ser tan fuerte y seguro como lo estabas antes de hablar con ellos.

El punto aquí es que ni tú ni yo debemos proponer a otra persona nuestras ideas, visión, oportunidad o misión con una actitud de «no me importa». No, eso definitivamente no es lo que estoy sugiriendo. De hecho, deberíamos comenzar cualquier interacción visualizando un resultado positivo. Pero como hasta cierto grado el resultado final estará por fuera de nuestro control, también debemos hacer lo posible para obtener una respuesta positiva de parte de la otra persona.

Algo que hay que recordar es que no estamos buscando simplemente a todos y cualquiera para que se unan a nosotros, estamos buscando gente con la que estamos predestinados a trabajar. Estamos buscando entre la gente encontrar a aquellos con los que estamos destinados estar.

Ciertamente necesitamos a la gente, y también necesitamos los acuerdos de negocios para que las cosas salgan bien y podamos ser exitosos, pero no necesitamos a ninguna persona específica ni tampoco un acuerdo de negocios específico. En cualquier momento, cuando estamos hablando y negociando con alguien y comenzamos a sentir que absolutamente debemos tenerlos o que debemos cerrar ese negocio específico, nos estamos colocando en una posición tal que podemos ser manipulados y rechazados, porque la otra persona puede sentir que estamos fuera de balance y que no nos sentimos seguros.

Una gran forma de evitar la desilusión es recordar esta ley: «Hay que hablar con muchos para encontrar algunos pocos». Si obedeces esta ley puedes estar seguro que «lo que es tuyo» llegará. «Lo que es tuyo» significa «la gente con la que estás destinado a estar desde antes del comienzo de los tiempos». Estás destinado a estar con ellos y ellos están destinados a estar contigo, inclusive antes de que ninguno de ustedes estuviera en el vientre de sus madres. ¡El destino es algo maravilloso!

Actúa como si pertenecieras al sitio en donde estás

Todos somos vendedores. Aún si nunca hemos vendido un producto o servicio, es muy probable que todavía estemos involucrados en algún tipo de venta en cualquier momento de nuestra vida. Tal vez estás tratando de venderles la idea de mantener limpia la habitación a tus hijos, negociando para obtener un mejor precio por el auto que piensas comprar, compartir con un amigo acerca de un restaurante que te guste o explicar alguna otra cosa a una persona en la cual quisieras que él o ella participara.

Bien sea que estemos involucrados o no en las ventas como una profesión, o si es parte de nuestra vida diaria, es una de las oportunidades más grandiosas que jamás tendremos para nuestro crecimiento personal y para incrementar nuestra autoestima.

Hace algunos años—cuando tenía entre los veintidós y los veintiséis años de edad, hice algunos trabajos de ventas que me enseñaron lecciones que han sido muy valiosas para mí en los años posteriores. Tuve mi primera experiencia en ventas puerta a puerta, vendiendo extintores de incendios a empresas y negocios ya establecidos.

Luego, hice algunas ventas de publicidad para una revista y nuevamente fueron ventas puerta a puerta a empresas y negocios. Más tarde, fui promovido a gerente de ventas para esa revista y aprendí lo que era encontrar formas creativas para mantener a los representantes de mi fuerza de ventas inspirados y motivados diariamente. Junto con los vendedores que enviaría afuera a las calles para vender avisos en la revista a los diferentes negocios y empresas, comenzamos también el departamento de telemercadeo, con veinte personas en una habitación haciendo llamadas telefónicas a cada negocio de las páginas amarillas en nuestra ciudad.

Cualquier tipo de ventas implica una gran experiencia de crecimiento porque nos obliga a enfrentar y superar una cantidad de temores, limitaciones preconcebidas e inseguridades que continuarán fastidiando a muchas personas que nunca han tenido una razón lo suficientemente grande como para crecer y salir de esa pequeña caja en la cual viven.

Recuerdo un día cuando mi mentor en el negocio de venta de extintores me enseñó una lección muy importante: Yo había estado yendo de puerta en puerta en diferentes negocios preguntándoles si podía inspeccionar sus extintores de incendios para asegurarme que estuvieran funcionando bien.

Si un extintor de incendios había perdido presión y el indicador señalaba «vacío» podría llevarlo al almacén de modo que pudiera ser recargado. También, si la compañía no tenía los suficientes extintores para el número de pies cuadrados de sus instalaciones les vendería más, de modo que estuvieran totalmente protegidos en caso de incendio.

Hay diferentes clases de extintores de incendios para diferentes ambientes de trabajo. Por ejemplo, si en una habitación había computadores el tipo de extintor que instalaba era uno que contenía una sustancia que no afectaba el equipo eléctrico cuando era descargado. Si era en el área de la cocina o en un restaurante, entonces instalaría un extintor que contenía un agente que apagaría un incendio de grasa.

Cuando entraba a un negocio o empresa, los primeros días en que estuve en esta posición de ventas, preguntaría si habían inspeccionado su extintor de incendios en los últimos seis meses, y si no, les preguntaba si me dejarían hacerlo. La persona con la que generalmente hablaba estaba en la recepción o era la asistente de algún gerente. Muy frecuentemente, esa persona no sabía nada acerca de las inspecciones de seguridad de su sistema antiincendios y entonces revisaría los archivos para encontrar la respuesta a mi pregunta. Muy frecuentemente, aun si no habían tenido una inspección en varios años, todavía no me dejarían inspeccionar sus instalaciones porque tendrían que registrar en sus archivos que una compañía diferente de extintores había hecho su última inspección y no sabían si debían cambiar de compañía.

Le conté al dueño de la compañía de extintores acerca de la resistencia que estaba experimentando, y también le dije que era muy difícil hacer que estos negocios me dejaran hacer las inspecciones.

Su respuesta me sorprendió, «Larry, no les preguntes si puedes inspeccionar sus extintores de incendios. Realmente a ellos no les interesa quién haga la inspección. Si no haces la pregunta, ellos no tendrán que responderla. Sólo tienes que actuar como si pertenecieras allá. Cuando entres en un negocio simplemente camina hasta la persona en la recepción, muéstrale la tarjeta de nuestra compañía y dile, "Estoy aquí para inspeccionar los extintores de incendios. Comenzaré mi inspección aquí en la oficina, y luego, necesitaré acceso a las otras áreas de sus instalaciones."»

Fue sorprendente ver lo que sucedió al día siguiente cuando usé este nuevo acercamiento—pude entrar a cuanto negocio visité, vendí una buena cantidad de extintores nuevos y llevé montañas de extintores a nuestras instalaciones para ser recargados. No hay necesidad de decirlo pero realmente se vieron los buenos resultados cuando recibí mi cheque esa semana.

«Sólo tienes que actuar como si pertenecieras allá». Este es un gran consejo para cualquiera.

No importa en dónde estés o con quién estés hablando, solamente actúa como si pertenecieras al sitio en donde te encuentras. Entra allí como si pertenecieras a ese lugar, habla como si fueras de allí y descubrirás que la mayoría de las veces la gente simplemente asumirá que realmente perteneces allí. Te respetarán como a una persona de importancia y te verán como a alguien a quien necesitan escuchar.

Estás escogiendo con quién quieres y con quién no quieres trabajar

He aquí algunas buenas preguntas para hacerte a ti mismo cuando te estés reuniendo con alguien por primera vez: ¿Va esta persona a ejercer una buena o mala influencia en mi vida o negocio? ¿Es esta persona alguien con quien quisiera pasar mucho tiempo? ¿Es esta persona alguien con quien me sentiré cómodo al permitirle conocer y pasar tiempo con mi familia?

No te quedes atorado en relaciones con personas que «drenan energía». Necesitamos calificar a cada individuo para ver si son la clase de personas con las cuales queremos estar o con las cuales nos gustaría trabajar.

Tu primera prioridad no es ver si ellos quieren estar o trabajar contigo—tú eres el entrevistador y la otra persona es quien está solicitando una posición contigo en tu vida o en tu negocio.

El silencio es tan importante como el hablar

Permítele a la otra persona hablar. Muchas veces cuando tienes una gran urgencia de hablar es justamente cuando debes permanecer en silencio y no decir ninguna palabra. Es común para nosotros no escuchar lo que está diciendo la otra persona porque cuando alguien nos habla, estamos más enfocados en reforzar nuestro punto de vista.

Resiste la tentación de permitirle a tu mente ir más adelante de lo que tú esperas que sea el resultado final, aun si esto significa que tendrás que hacer una pausa por uno o dos segundos antes de responderle a esa persona. Descubrirás que una sola pausa de uno o dos segundos puede darte el tiempo necesario para hacer que tu respuesta sea más significativa.

Otro punto valioso, con relación a la dinámica de las conversaciones y negociaciones, es que justo en el mismo momento en que sentimos que estamos elevando nuestra voz para enfatizar un punto, es casi siempre el momento en que necesitamos bajarla para hacer que el punto sea más impactante. Bajar la voz obliga a la otra persona a poner más atención a lo que estamos diciendo, y con frecuencia esto hace que esté más dispuesta en cambio de ponerse a la defensiva.

Es importante que mantengas siempre a la otra persona inclinada hacia tu espacio; NO te inclines hacia el espacio de la otra persona, pues él o ella se puede sentir presionada. Si los mantienes inclinados o dentro de tu espacio, tendrás su completa atención y ellos se sentirán con el control aún cuando seas tú el que en realidad esté manejando la conversación.

Cuanto más desarrollemos un fuerte sentido de nuestro propósito y una imagen exacta de quiénes somos en nuestro interior menos temeremos a las reacciones de otras personas hacia nosotros. Tú tienes dones, talentos, habilidades y una visión que muchas personas aprecian grandemente mientras que otras no serán capaces de entender tu singularidad o apreciarte por tu visión hacia el futuro.

Temer a las reacciones de los demás es una completa pérdida de tiempo. Pero para estar lo suficientemente centrados, para mantenernos lo suficientemente fuertes en lo espiritual, mental y emocional; para ser capaces de eliminar el temor a la gente, necesitamos estar leyendo constantemente los libros adecuados, escuchar discos compactos positivos, escuchar música que nos levante el ánimo, recibir información y retroalimentación de nuestro mentor y cualquier otra cosa que sea necesaria para mantener nuestra autoimagen, nuestros pensamientos y nuestro sentido de valor en niveles lo suficientemente altos.

Si tuvieras veinticuatro horas de vida, ¿a quién escogerías para pasar ese tiempo contigo? Deberías pasar ese tiempo con aquellos que amas y aprecias más. Bueno, cada veinticuatro horas es un regalo que debes considerar como precioso. Podemos dar a muchas personas la oportunidad de compartir los preciosos momentos que tenemos para vivir. Algunas de estas personas se convertirán en amigos para toda la vida y algunas de ellas serán simplemente un encuentro pasajero, pero en la medida en que sepamos que estamos buscando ser lo mejor que podemos ser, podemos dejar que sus reacciones les pertenezcan. Bien sea que sean positivos o negativos, ellos son los dueños de sus propios pensamientos y nosotros somos los autores de los nuestros.

Creo que el adagio que cantan los niños lo dice mejor, «Acentúa lo positivo, elimina lo negativo y no te enredes con nadie en medio.»

CAPÍTULO 4

Usa el acercamiento de las capas

Durante un reciente viaje a Australia estaba comiendo sentado al lado de una pareja que son líderes en el grupo de negocios que me llevó hasta Sydney para hablar en su conferencia. Estábamos hablando acerca de cómo todos estábamos trabajando en desarrollar mejores hábitos alimenticios y en cómo escoger comida con menos grasa, azúcar o sal, y comer vegetales y carnes que fueran asadas, horneadas o al vapor en cambio de fritas.

En algún momento, durante esa conversación, esa pareja explicó con gran entusiasmo que ellos habían redescubierto lo mejor que sabían los huevos cocidos cuando se tomaron el trabajo de llenar una olla con agua y permitieron que comenzara a hervir, para luego romper los huevos y quitar la cáscara vertiéndolos de nuevo entre agua para cocinarlos un poco más.

Dijeron que por años durante sus desayunos diarios juntos habían estado cociendo los huevos en un artefacto plástico que colocaban en el horno microondas, cuando un buen día decidieron intentar cocinar los huevos de la forma tradicional. Dijeron, «Guau, los huevos saben mucho mejor cuando nos tomamos ese tiempo adicional para cocinarlos en agua hirviendo en la estufa.»

Con la invención de los hornos microondas, los viajes en jet, el puré de papa instantáneo, los computadores e innumerables formas de acelerar los procesos para terminar diferentes tareas, hemos crecido acostumbrados a hacer muchas cosas en cuestión de minutos o aun segundos.

Pero hay algunas cosas que no podemos apurar sin comprometer la integridad del resultado final. Muy frecuentemente esta mentalidad de «hazlo rápido» ha influido grandemente en la forma en que interactuamos y construimos relaciones con la gente.

En este mundo de ritmo acelerado podemos tender a estar con mucho apuro cuando proponemos una idea, oportunidad o visión por primera vez a un prospecto. A veces es simplemente una cuestión de querer que sucedan las cosas más rápido de lo que lo permitirían los mejores métodos naturales, pero algunas veces existen otras razones no tan evidentes del por qué una persona tratará de construir una relación cercana y sellar el trato demasiado rápido.

Por ejemplo, si tenemos cualquier «temor a la gente» que todavía influye sobre nosotros, o si luchamos con sentimientos de poco valor personal, inseguridad o altos niveles de negatividad en nuestra charla interna, tal vez en realidad saboteemos nuestra propia conversación con alguien más.

Al apurarnos para contar toda la historia y sobrecargar al prospecto con demasiados detalles en la primera presentación, una persona que tema al fracaso tal vez ya habrá supuesto que será rechazado. Por lo tanto, esta persona podría inconscientemente pensar que puede, también, acabar con la conversación rápidamente y hacer que el inminente rechazo sea tan corto y menos doloroso posible.

Cualquiera que sea la razón por la cual sintamos la necesidad de apurarnos y tratar de llegar al fondo del asunto demasiado rápido, en ese momento necesitamos respirar profundamente y darnos cuenta que la relación que estamos construyendo con la otra persona es más importante que el fondo del asunto hacia el cual estamos trabajando. Aun si la persona a la cual le estamos proponiendo nuestra visión, oportunidad o misión responde afirmativamente durante nuestra primera conversación, si no hemos establecido un mutuo respeto y una conexión real con ese individuo es altamente probable que la próxima vez que nos reunamos, él o ella tal vez haya perdido el interés o haya cambiado de parecer.

Algunas negociaciones pueden hacerse rápidamente, como las negociaciones por un mejor asiento en un avión o para obtener un mejor precio en un almacén de electrodomésticos para tu casa. Pero en estas instancias no existe una necesidad real de construir una relación de por vida con la persona con la que estamos tratando.

Cuanto más grande sea el compromiso que le estés pidiendo a la otra persona, más será necesario dividir lo que estás compartiendo en pedazos más pequeños y permitir que la persona digiera una porción a la vez.

El hecho es que si la visión que estamos proponiendo a la gente tiene un alcance más bien largo o enorme, el mejor acercamiento es por lo general no tratar de obtener un 100% de compromiso de parte de la gente la primera vez que compartimos nuestra visión con ellos.

Seré el primero en admitir que muchos de los grandiosos éxitos que he experimentado con frecuencia llegaron como resultado de mucha persistencia de mi parte. De hecho, como he estudiado las vidas de personas muy exitosas, he descubierto que no fueron siempre ellos los que tuvieron los más altos coeficientes de inteligencia o la más impresionante educación o herencia familiar.

Pero en la mayoría de individuos exitosos que he estudiado, había una cualidad de «rehusarse a renunciar» aun cuando las probabilidades parecían estar en contra de ellos, con un obstáculo detrás del otro; ante las aparentemente insuperables probabilidades en contra siguieron adelante hasta que atravesaron los obstáculos sin dejar de avanzar.

Mi siguiente enunciado tal vez parezca extraño para algunos lectores pero otros entenderán y se relacionarán completamente con lo que estoy a punto de decir. He llegado a considerar el rechazo como un viejo amigo que muy probablemente encontraré varias veces—es posible que muchas veces, a lo largo del camino que lleva a cada nuevo nivel en mi vida. Creo que tratar de evitar el rechazo es muy parecido a tratar de evitar el éxito; siempre llegan juntos.

El rechazo puede ser que te haga más inteligente, amable, más humilde y un mejor comunicador. Úsalo, aprende y luego elévate por sobre él. Tú bien puedes convertir el rechazo en oro o dejar que te consume y corroe tu mente y tus emociones, todo depende de cómo lo manejes.

Como es cierto que durante la primera exposición algunas personas no van a aceptarnos ni apoyarnos completamente, ni a nosotros ni a nuestras ideas, nuestra oportunidad de negocios o misión, tiene sentido tener una estrategia a largo plazo planeada con anticipación.

Debemos darle a la mayoría de la gente varias, algunas veces muchas, pequeñas dosis de información de lo que sea que estamos proponiéndoles. Sería agradable si existiera una varita mágica que pudiéramos agitar para hacer que esto funcionara de forma diferente, pero en realidad no existe ningún buen sustituto para las buenas y viejas formas de construir relaciones. Así como en muchas de las áreas de la vida, tratar de tomar un atajo generalmente disminuirá grandemente la calidad del resultado referente a construir una relación con la gente.

Hace como treinta años pinté casas para poder vivir—hice esto sólo por un corto tiempo porque realmente no disfruté tener el olor a pintura sobre mí todo el día. Pero estuve en el negocio de pintar casas el tiempo suficiente como para aprender algunos principios basados en la verdad acerca de este oficio:

Primero que todo, si la pintura vieja de la casa se estaba desprendiendo, presentaba fisuras o estaba en mal estado, entonces tendría que pelar y lijar todo antes que pudiera aplicar una mano de pintura fresca.

Segundo, para hacer un trabajo apropiado tendría que aplicar alguna clase de pasta de relleno para tapar todas las imperfecciones en la superficie de las paredes que no pudieran ser arregladas durante la operación de remoción de la pintura vieja.

El tercer hecho que aprendí es que no se puede aplicar pintura a base de agua directamente a la superficie que está inicialmente pintada con pintura a base de aceite, porque como «el agua y el aceite no se mezclan» la pintura a base de agua simplemente se desconchará cuando se seque.

Cuarto, si quieres cubrir una pintura a base de aceite tendrás que aplicar alguna clase de base con muy mal olor. Algunas veces se requerirán dos o más capas de esta base antes que los poros de la madera la absorban y así se obtendrá una superficie sólida sobre la cual trabajar.

Quinto, una vez que la superficie estaba correctamente preparada, generalmente eran necesarias dos manos de pintura para hacer un buen trabajo de calidad en el exterior de una casa. En ocasiones, tres manos de pintura eran necesarias si la madera había estado mucho tiempo desprotegida a la intemperie o si estaba muy porosa. De modo que tenía que estar aplicando otra capa de pintura hasta que toda la superficie tuviera una apariencia uniforme y consistente.

Sexto, cuando usaba una pintura a base de aceite—o aun con la pintura a base de agua—si trataba de aplicar una gruesa capa en la superficie en vez de tomarme el tiempo de aplicar dos o tres capas más finas, el resultado era un total desastre de pintura. Recuerdo haber tratado de tomar este atajo al principio de mi muy corta carrera como pintor. Pensé que si tenía mucho cuidado y si la humedad no era muy alta ese día la pintura se secaría rápidamente. Me imaginé que podría terminar el trabajo en la mitad del tiempo y que haría el doble de dinero por hora porque sólo tendría que trabajar la mitad de horas y todavía recibiría la misma cantidad de dinero por todo el trabajo.

Muy pronto descubrí que operar de acuerdo con la teoría de «una capa gruesa en vez de dos o tres capas finas» estaba totalmente opuesta a las leyes para aplicar correctamente pintura a una casa. Aun si la pintura parecía estar bien al principio, después de un período de tiempo, la pintura comenzaría a chorrear y todo el lado de la casa se vería horrible.

Una sola experiencia de tener que pelar la gruesa y adherida pintura y tener que lijar y pintar de nuevo todo un lado de la casa fue todo lo que necesité; aprendí mi lección muy bien y nunca más intenté tomar un atajo en el proceso. De hecho, desde ese momento probablemente comencé a aplicar capas más delgadas y más manos de pintura que antes, sólo para asegurarme que el desastre del «atajo» de «aplicar capas demasiado gruesas» nunca sucedería de nuevo.

Proponer una nueva idea, oportunidad de negocios, visión o misión a una persona funciona en forma similar a los principios de pintar una casa. Con la mayoría de la gente tendremos que ser pacientes hasta que ellos eventualmente bajen sus defensas y remuevan las viejas capas y barreras de sus mecanismos de defensa.

Luego, tal vez tengamos que aplicar varias capas de base o palabras de ánimo para llenar las grietas de su autoimagen, para ayudarlos a sentir seguros y para que sepan que no estamos tratando de manipularlos.

Después de uno, dos, tres o aún más encuentros con ellos, tal vez finalmente nos permitan aplicar la primera capa real de nuestra idea, oportunidad de negocios o visión y explicarles de qué se trata.

Tal vez has estado tratando de aplicar la primera capa desde la primera vez que hablaste con ellos, pero aun con los mejores comunicadores la primera conversación es con frecuencia un paso de calentamiento hacia ayudar a la otra persona a abrirse lo suficiente para escuchar completamente lo que están diciendo.

Cuando se sienten mejor con ellos mismos se sentirán mejor contigo también

Es útil estar conscientes que la primera vez que hablamos con un individuo no es raro encontrar que él o ella tiene una autoimagen menos fuerte. Es triste decirlo, pero hay un buen número de personas vagando por el planeta con un nivel de autoestima por debajo del cero. La autoimagen de muchas personas está tan dañada que para cuando tú o yo lleguemos a ellos para proponerles una nueva idea que los ayudará a llegar al siguiente nivel más alto en lo personal y profesional, ellos en realidad no pueden aceptar el hecho de que puedan convertirse en un éxito real en casi nada.

Pero si estamos dispuestos a aplicar una capa delgada después de otra, puede ser absolutamente sorprendente ver los cambios que pueden ocurrir en la gente que parecía totalmente cerrada y aun negativa la primera vez que hablamos con ellos. Pueden hasta transformarse en una persona completamente diferente y positiva después que hemos aplicado pacientemente varias delgadas capas de nuestro carisma, visión e inspiración.

111

Muy parecido a como el cuerpo de una persona se debilita o aun se enferma si no se nutre, la autoestima de una persona también necesita ser alimentada. Si tenemos una deficiencia de vitaminas puede tomarnos semanas o meses ingiriendo vitaminas para hacer que nuestros niveles suban hasta donde deben estar. Por lo general no hay una «cura de una sola dosis» para compensar la deficiencia de nuestro estado físico, mental o emocional.

Si tomamos unas pocas vitaminas cada día, es probable que nuestra condición de salud mejore. Si nos tomamos todo el frasco de vitaminas en un sólo día no sólo nos enfermaremos sino que tal vez nos afecte tanto que tengamos que vomitar o someternos a un lavado estomacal.

Al darle a la gente pequeñas y constantes dosis de lo que tenemos que compartir podemos aumentar su nivel de expectativa, una capa a la vez, hasta que finalmente un día notamos que algo es diferente. Llegan a un estado crítico en donde están listos para comenzar. Algunas personas firmarán en la línea de puntos y te dirán que están contigo un 100%, pero la forma cómo sabrás si realmente están contigo y con tu visión es si toman acción y dan los pasos que les estás enseñando. Con algunas de estas personas, cuando estaban al comienzo del proceso de las capas, tal vez pensabas que estabas desperdiciando tu tiempo trabajando con ellos.

Increíblemente, algunas de estas personas te sorprenderán y se convertirán en tus mejores aliados.

Con frecuencia, la gente es incapaz de sentirse bien contigo o con las posibilidades que estás compartiendo con ellos hasta que primero los ayudes a sentirse bien consigo mismos, y entonces, es muy natural para muchos de ellos comenzar a sentirse mejor contigo también.

Cuando estés en el proceso de aplicar las capas, no seas tan accesible

Cuando nos estamos reuniendo con la gente una y otra vez con el propósito de aplicar una nueva capa, es una buena idea—en la mayoría de los casos—no estar tan disponibles entre los encuentros. Hasta que la persona no ha adquirido un completo compromiso de que está un 100% con nosotros y que va a tomar acción siguiendo los pasos de éxito que estamos enseñando, él o ella sólo debe tener acceso limitado a nosotros.

Ahora, por supuesto que hay excepciones a esta regla cuando se trata de la familia y de amigos cercanos, pero aún en estos casos es con frecuencia mejor para ellos ver que no tenemos tiempo para desperdiciar. Se considera que los diamantes son de gran valor porque son raros, escasos y difíciles de encontrar, pero cuando pagas el precio para estar en la presencia de un diamante de gran calidad... ¡Guau, cómo brilla! Así que ¡Sé un Diamante!

Haz que siempre quieran más

A la gente le encanta la intriga, especialmente en los negocios y en el romance. Al principio de la relación un poco de espacio y un poco de distancia entre encuentros es generalmente algo bueno.

Si eres demasiado accesible, demasiado fácil de encontrar a través del teléfono, y tu agenda está tan desocupada que la gente siempre puede llamarte o reunirse contigo casi sin anunciarse o programarlo, entonces probablemente no le darán un gran valor a tu tiempo.

En muchos casos es mejor para la gente ver que tú eres una persona que tiene una agenda muy ocupada y que por lo tanto no puede reunirse hoy con ellos pero podría hacer un espacio para reunirte con ellos mañana o en unos días. Al comienzo de una relación aun si tú todavía no tienes muchas cosas que hacer ese día, es mejor no parecer demasiado fácil o demasiado disponible.

La gente le da un gran valor a la gente que está ocupada y poco valor a la gente que no considera el tiempo como algo precioso. Si puedes hacer que la demás gente siempre acomode su agenda a la tuya—y evita siempre acomodarte a la de ellos, en el largo plazo el nivel de respeto por ti se incrementará firmemente.

El individuo al cual le estamos proponiendo nuestras ideas necesita saber que la visión, propósito, oportunidad de negocios o idea que estamos ofreciendo es tan grande que nunca podría explicarse completamente en una llamada telefónica o durante una reunión. Con frecuencia es mejor si muy sutilmente les hacemos saber que nos tomará varias reuniones poder explicarles ampliamente el potencial de éxito de lo que estamos compartiendo con ellos. También podemos hacerles saber que la razón por la cual estamos dispuestos a invertir ese tiempo compartiendo la visión total con ellos es porque creemos que podrían ser muy exitosos en la oportunidad o visión que les estamos explicando.

Si esta es su percepción, le darán un gran valor a nuestro tiempo juntos y será mucho menos probable que nos tomen por sentado. Cada vez que nos reunamos deberán alejarse de nuestra presencia con un sentimiento de querer escuchar más, aprender más y recibir más de parte de nosotros.

Cómo comunicarte con gente fuerte, centrada y con propósito

En algunos párrafos previos he hablado de cómo superar el rechazo cuando nos comunicamos con la mayoría de la gente que nos encontramos al caminar, conducir o viajar alrededor del mundo. Así como lo citamos anteriormente, la autoestima de la gente promedio es en realidad baja y él o ella posiblemente no estén seguros de cuál es su propósito.

Esas personas son «las masas» que frecuentemente se arrastran todos los días a sí mismas hacia un trabajo que no les agrada y se han conformado con un nivel más bajo en la vida y tal vez ni siquiera crean que existe un nivel más alto disponible para ellos.

Cambiemos ahora de tema y hablemos sobre cómo superar o elevarnos por sobre el rechazo percibido mientras nos comunicamos con personas fuertes y centradas con propósito. Estas son con frecuencia personas que están muy ocupadas en una misión productiva y centrada en sus vidas, por lo que no se encuentran fácilmente.

Son el 20% de los mejores 20%, o sea, el 4% de los triunfadores en el mundo. Son la *crème de le crème*, lo mejor de lo mejor, los que mueven las cosas. Estos son aquellos que ya han hecho que sucedan cosas grandes, con frecuencia ya tienen un grado de libertad con el que la persona promedio sueña tener.

Cuando comunicas una idea, visión, oportunidad de negocios o misión a la cual te gustaría involucrar a estas personas, tu acercamiento necesita ser de alguna manera de diferente perspectiva a la que usarías para proponer tu idea a una persona promedio. Un acercamiento por capas es con frecuencia también necesario con estas personas de alto desempeño, pero por razones diferentes que las que usamos con la persona promedio de pensamiento común.

Para obtener la atención de las personas guiadas por el propósito necesitas ser capaz de mostrarles rápidamente que lo que sea que les estás ofreciendo es de gran valor. Y ellos deben ser capaces de ver rápidamente el suficiente valor como para convencerse que tal vez se están perdiendo de algo grande y por lo tanto no tienen otra alternativa que por lo menos detenerse y «darle una mirada». Encontrar el verdadero interés de la gente es una clave importante para obtener toda su atención.

Estas personas «con propósito» generalmente no son fáciles de encontrar por teléfono ni concertar una cita con ellos. Tal vez se tenga que solicitar una cita a través de la secretaria, asistentes o una serie de sistemas de correo de voz para poder llegar a ellas. Estas personas están enfocadas en una cierta forma de pensar, lo que puede asimilarse mucho a esta pregunta: «¿Cuál será la forma más productiva de invertir mi tiempo hoy?» De modo que de alguna manera, muy rápidamente y con el menor número de palabras posible, pruébales que lo que les estás ofreciendo es de un gran valor, lo suficiente como para que tomen algo de su precioso tiempo para escucharlo.

Probablemente sabes exactamente de lo que estoy hablando mientras menciono a este tipo de personas porque si has leído este libro hasta aquí, tal vez seas tú este tipo de personas. A través de los estudios se ha demostrado que la persona promedio tal vez lea toda una novela de romance o termine una de acción, pero no terminará de leer o escuchar una serie completa de discos compactos que realmente mejoren su vida individual.

Después que hayas logrado atraer exitosamente la atención de una persona centrada y guiada por el propósito, todavía puedes necesitar aplicar más capas. Pero las capas deben ser aplicadas con mucha más sensibilidad que la que necesitarías en tu acercamiento con una persona promedio.

Para aquella persona del tipo guiada por su propósito, las capas deben ser aplicadas con exactitud. Ya están tan ocupadas que cuando los tengas en el teléfono con frecuencia tendrás que condensar en sesenta segundos o menos todo lo que quieras decirles y convenir con ellos.

Tienes que estar listo para la posibilidad de que tu conversación pueda ser interrumpida por una llamada para ellos en la otra línea o por alguien más en la habitación con ellos. Obviamente no tienes que estar tan preocupado ayudando a estas personas a construir su autoestima porque generalmente ya tienen un muy fuerte sentido de valor personal, el cual han derivado de sus muchos grandes logros.

Debo mencionar también aquí que una persona exitosa en sus logros no es siempre una persona exitosa en su interior. Continuamente me sorprendo cómo reacciona la gente a un éxito en cualquier logro exterior o en la acumulación de riqueza al convertirse en personas más humildes y agradecidas, mientras que otras personas reaccionan a la misma clase de logros convirtiéndose en personas arrogantes.

De modo que mientras estamos hablando sobre «gente fuerte» con una «buena autoestima,» también debemos ser conscientes que hay «personas muy fuertes en sus logros exteriores» que no tienen «fortaleza interna» y cuyas autoimágenes están distorsionadas. Algunas de estas personas tienen grandes egos. Personalmente prefiero trabajar con personas que tienen humildad en su espíritu y en su personalidad. Trabajar con personas que tienen el ego «demasiado inflado» puede a veces convertirse en una experiencia positiva si puedes hacer algo para reajustar la atmósfera que rodea tu encuentro con ellos.

En estos casos he descubierto que una de las mejores formas de desarmarlos es dejarlos hablar más y luego con una postura humilde guiarlos suavemente en la dirección en la que quieras llevarlos. He descubierto que si puedo mantener la humildad en mi carisma mientras trato con este tipo de personas, hay ocasiones en las cuales en realidad «dejarán de fingir» y comenzarán a hablar con franqueza.

Este mundo está lleno de gente que tiene egos que son guiados por la inseguridad. Algunas de estas personas quieren ser libres de los sentimientos de inseguridad que impregnan sus vidas, y algunas no quieren ser libres. Parece extraño que una persona quisiera escoger no ser libre, pero algunas están tan ciegas que su visión distorsionada del mundo y de otras personas ha hecho que vean a la gente como marionetas para ser manipuladas para su beneficio.

Entonces, antes que inviertes demasiado tiempo en este tipo de personas es mejor evaluar si bien va a ser una inversión inteligente de tu tiempo y energía. Con frecuencia es una buena idea evitar trabajar con gente que tiene egos demasiado inflados, porque es muy probable que exista mucho drenaje de energía a su alrededor. También, el tiempo y la energía que tú tal vez gastes tratando de acercarte a este tipo de personas podrían ser invertidos en forma más productiva en alguien que tenga una actitud más balanceada y sea alguien a quien se le pueda enseñar.

Habiendo dicho esto debo decir también que hay personas que podrán parecer tener un ego un poco inflado al principio, pero con el tiempo todavía pueden convertirse en buenas personas con las cuales trabajar.

Lo que hay que buscar en una persona como ésta es si tienen algún deseo por el crecimiento personal. Aun si parecen un poco rudos al principio, si están dispuestos a crecer, entonces con gusto trabajaré para ayudarlos a realizar un cambio positivo en sus vidas. Adecuadamente guiados pueden cambiar su energía de rudeza por otro tipo de energía que todavía tenga el poder de su personalidad, permitiendo que ésta continúe fluyendo pero sin ese elemento irritante.

Personas con una autoestima sana

Una vez que hayas hecho el contacto inicial con una persona enfocada y con una autoestima sana, mucha persistencia tal vez sea necesaria de tu parte para crear cualquier clase de actividad—aun si eres capaz de obtener su interés durante la primera llamada telefónica o en una reunión cara a cara.

Ahora, no quiero que pienses que te estoy desanimando, simplemente estoy diciendo la verdad acerca de la forma en que en realidad es. Tal vez existan algunas excepciones, pero la mayoría de las veces simplemente el reto inicial de lograr entrar en contacto directo y personal con estas personas hará que la persona promedio se desanime lo suficiente como para rendirse y quiera continuar con alguien con quien sea más fácil entrar en contacto.

Pero si «pagas el precio» para ganarte el respeto y el interés de una persona ya enfocada y guiada por su propósito, descubrirás que tus esfuerzos persistentes y tu creatividad con frecuencia se convertirán en una inversión que bien valdrá la pena. Puedes ser recompensado con tantas bendiciones que no sentirás arrepentimiento por las horas que pasaste pensando creativamente y las innumerables llamadas telefónicas que hiciste en este tipo de relación.

La persistencia te pagará muy bien

Hace años recuerdo haber escuchado acerca de una organización que promovía conferencias alrededor del mundo. Un conocido orador público me dijo que no era raro para esta organización tener de diez mil a veinte mil personas asistiendo a un sólo evento. Yo estaba de alguna manera familiarizado con este grupo de gente de negocios porque había hablado en varios pequeños eventos para los asociados de esta organización, con multitudes de quinientos a dos mil personas.

En mi corazón sentía muy fuertemente que estaba dispuesto a hablar en sus grandes conferencias. Me habían dicho otros en el negocio de los oradores que las personas que tomaban las decisiones para estas grandes conferencias eran casi inaccesibles, pero sorprendentemente terminé hablando con el gerente de esta organización por teléfono un día. Me llamó porque había escuchado de alguien, que yo tenía información que él necesitaba.

Cuando recibí su llamada estaba emocionado porque de toda la gente que podría haber llamado me llamó a mí. ¡Luego entendí lo que estaba pasando! Había estado rezando para que esta puerta se abriera para que yo pudiera hablar en estas enormes conferencias, y esta era la puerta abierta como respuesta a esas oraciones.

He descubierto que aunque la puerta de la oportunidad pueda que parezca abierta de par en par, todavía puede requerirse de mucho trabajo y persistencia para realmente atravesarla.

Esto es bueno porque origina un proceso de crecimiento en nuestro interior. Si las cosas llegan demasiado fáciles tendemos a no apreciarlas realmente. Con frecuencia, el éxito que llega demasiado fácilmente puede ser dañino porque nuestro carácter tal vez no se ha desarrollado demasiado fuertemente como para hacernos pensar correctamente.

Si nuestro carácter no ha crecido a la altura de nuestro

nivel de logro, esta «escasez de carácter» puede hacer que perdamos la perspectiva, y podemos hacer que nuestro tren se descarrile.

Bueno, sostuve varias conversaciones con este importante líder pero de lo único que hablaba era de lo que deseaba y de la información y la situación con la que esperaba que lo ayudara.

Durante esas primeras llamadas telefónicas nunca mencioné el hecho que deseaba hablar en sus conferencias. Realmente no entendí en ese entonces qué fue lo que en realidad sucedió durante esas conversaciones, pero ahora lo veo claramente. Esas primeras conversaciones telefónicas fueron las primeras «capas delgadas» que fueron construyendo una conexión y el nivel de confianza entre esta persona y yo.

Después que le suministré toda la información que necesitaba finalmente pude hablar del tema. Le pregunté, «¿Cómo le parecería considerar la posibilidad de que yo hablara en su conferencia nacional? He hablado en algunas de las reuniones pequeñas que han organizado sus asociados y mi mensaje parece ser el correcto y dar justo en el blanco para la gente de su negocio.» Su respuesta fue, «Larry, ¿tienes una grabación de alguna de tus presentaciones?» Le dije, «Claro que sí.» Él dijo, «¿Puedes enviarme una copia?» Le dije, «Absolutamente, la pondré en el correo hoy mismo.» Colgué el teléfono y le envié la copia.

En los meses siguientes llamé a esta persona una y otra vez. Estaba en mi lista de potenciales clientes como uno de las muchas personas que estaba llamando durante el día para tener conversaciones similares. Todos estos contactos eran con individuos que esperaba me invitaran a hablarle a sus grupos.

Pero cuando miraba mi lista de llamadas diarias su nombre siempre sobresalía por lo grandes que eran los eventos que él producía. Cada vez que lo llamaba pensaba, «Tal vez hoy sea el día en que diga sí».

Siempre estaba positivo y esperanzado con mi acercamiento, pero sin embargo parecía que no estaba logrando nada. Hice como veinte llamadas telefónicas a este hombre, y con cada una me tuve que ingeniar otra forma creativa de hacerle la misma pregunta. «¿Ya tuvo oportunidad de escuchar mi grabación?» Cada vez me decía en forma muy amable, «No, lo siento. No he tenido oportunidad de escucharla todavía.» Entonces le preguntaba de nuevo, «¿Cuándo sería conveniente que lo llamara de nuevo?» Entonces me decía una variedad de cosas de una llamada telefónica a la otra, pero como esta persona estaba siempre volando a diferentes países alrededor del mundo, una de las respuestas que con frecuencia recibía de él era, «Larry, tengo que salir del país, entonces, ¿podrías llamarme dentro de dos semanas?» Yo le decía, «Sí, señor, le llamaré en dos semanas. ¡Qué tenga un buen viaje!»

Dos semanas más tarde miraría de nuevo a mi lista de personas que necesitaba llamar ese día en particular y vería su nombre. Mientras marcaba el número de su teléfono sabía que si era afortunado este sería uno de esos días en los cuales lo encontraría en la oficina. Si no estaba allí le pediría a su asistente que le dijera que yo lo había llamado y que por favor le diera el mensaje que lo llamaría más tarde.

Manteniendo la pelota en tu campo

He aquí una clave de comunicación que he encontrado muy valiosa: Si estás llamando a alguien que siempre está muy ocupado y tiene una agenda muy complicada, es a veces mejor no dejar ningún mensaje para que te llamen.

Una vez que has desarrollado una relación lo suficientemente fuerte con ese individuo, puedes dejar tu número de teléfono y un mensaje para que te devuelvan la llamada, pero hasta que no hayas desarrollado esa relación con ellos que exprese «lo que hay en ella para ellos» y hasta que no hayas aplicado el suficiente número de capas en esa relación, es por lo general, mejor nunca dejar la «pelota en tu campo». Si les dejas un mensaje para que te devuelvan la llamada y no lo hacen—y pasan tres semanas, puede comenzar a presentarse una situación incómoda.

Si los llamas nuevamente, ellos saben que no te devolvieron la llamada y pueden sentirse avergonzados, o tú puedes sentir que te estás entrometiendo y toda la comunicación puede salirse totalmente de balance.

De modo que lo mejor que puedes hacer es mantener la pelota en tu campo. Si nunca les pides que te devuelvan la llamada, entonces puedes seguirlos llamando cien veces, y en la medida en que puedes mantener tu carisma, tu postura y una adecuada actitud, tú mantendrás la puerta abierta para una comunicación futura.

Mariposas y mosquitos, ambos son insectos

Existe una razón por la cual a la gente le gusta tener mariposas volando alrededor de ellos pero no a los mosquitos. Mucha gente deja de contactar y llamar a una persona para «aplicar la siguiente capa» porque comienzan a sentirse como si estuvieran revoloteando como un mosquito alrededor de ella.

Puede que sea cierto que después de cinco o diez llamadas telefónicas o reuniones con un individuo que tú sabes que tiene gran potencial, tal vez sientas como si lo estuvieras molestando. Pero si necesitas molestar a alguien para poder «aplicar la siguiente capa» sólo asegúrate que seas como una mariposa y no un mosquito. Si eres agradable y amable, y alguien con quien la gente disfruta hablar, ellos tal vez comiencen a esperar tener contacto contigo muy pronto.

Revolotear alrededor de la gente comienza a dar recompensas

Entonces marqué el teléfono para hacer otro contacto con este caballero, con el número de llamadas llegando ya a la segunda decena. Su asistente dijo esas palabras maravillosas, «Sí, él está en la oficina. ¿Puedo ponerlo en espera por un minuto?»

Después de uno o dos minutos pasó al teléfono y dijo, «Hola Larry.» Esta vez ni siquiera esperó a que le hiciera la pregunta porque a estas alturas ya sabía para qué lo estaba llamando. Él dijo, «Lo siento mucho pero todavía no he tenido la oportunidad de escuchar tu grabación.»

Le dije entonces, «Entiendo y sé que usted es una persona muy ocupada. No quisiera molestarlo tanto con esto.» Él me interrumpió a la mitad de mi frase y dijo, «Larry, claro que quieres molestarme, y vas a seguir molestándome hasta que escuche esa grabación. Respeto tu persistencia. Tengo tu grabación justo aquí en mi escritorio, y la voy a escuchar en mi auto mientras conduzco hasta mi casa esta noche.» Luego agregó, «Larry, ¿puedes llamarme mañana?»

Le dije, «Sí, me encantaría llamarle mañana. ¿Sería mejor para usted si lo llamo en la mañana o en la tarde?» Me respondió, «Justo después del almuerzo sería grandioso. A la una de la tarde sería perfecto.»

Le dije emocionado, «Grandioso, le llamaré a la una de la tarde en punto.»

Ahora, si hubieras estado conmigo cada vez que llamé y conversé con esta persona, y si hubieras estado contando el número de conversaciones, habrías descubierto que el número de «capas delgadas» que apliqué a esta relación de negocios llegó a veintiuno, y ahora finalmente tenía la promesa de que escucharía mi grabación.

Creo que tú y yo debemos tener una actitud imparable para crear la forma de superar situaciones como éstas. Si realmente deseas algo, continuarás llamando a una persona hasta que diga, «Sí» o te pida que dejes de llamarla.

Al día siguiente hice esa llamada número veintidós—o podemos decir que apliqué esa capa numero veintidós a esta relación de negocios. Él me contestó, «Larry, escuché tu grabación. Es grandiosa. Te tengo programado para que hables en cuatro fechas diferentes. Serán cuatro viernes consecutivos, el primero ante 16.000 personas, el segundo ante 10.000 personas, el tercero será ante 13.000 personas y a la cuarta conferencia asistirán 6.000 personas.» Le envié un contrato para esas fechas y me envió de regreso el contrato firmado y el 50% de mis honorarios para asegurar mi presencia en esos días, y también un cheque para pagar mis gastos de traslado para esos cuatro eventos.

Después de veintidós capas ahora ya tenía un contrato para hablar ante más de 45.000 personas en vivo, cara a cara, en un período de un mes. ¿Valió la pena aplicar esas veintidós capas y hacer esas veintidós llamadas? Sí, créeme que valió más que la pena. No sólo hablé ante esas 45.000 personas en vivo, sino que adicionalmente, una de las grabaciones de esas presentaciones en vivo fue seleccionada como el tercero de mis muchos discos compactos para ser distribuido como «el disco de la semana» a cientos de organizaciones y cientos de miles de personas alrededor del mundo.

¿Qué habría pasado si me hubiera rendido y hubiera dejado de hacer esas llamadas telefónicas después de diez o doce capas? ¡Mire de lo que me habría perdido!

Ahora debo decir nuevamente que este hombre fue una de las muchas personas que estaba llamando cada semana, de modo que si nunca hubiera dicho que sí en todo caso yo estaría bien, y mi negocio hubiera seguido creciendo. No estaba desesperado. Si nos permitimos desesperarnos por un negocio o persona en particular probablemente nos hará repelerlos. Es importante que nos mantengamos lo más alejado posible de la desesperación. Una forma de evitar la «desesperación» es estar siempre activos buscando y desarrollando tres veces la cantidad de negocios que en realidad necesitamos. Si continúas haciendo tres veces la cantidad de llamadas y mantener tres veces el número de clientes potenciales en la mesa en todo momento, entonces tendrás el sentimiento de tranquilidad de saber que si dos de tres no resultan todavía estarás bien.

Intensidad relajada

«Intensidad relajada» es saber que no tienes que escuchar a la gente decir «Sí» para sentirse bien contigo mismo. Es asegurarte que tu autoestima no está conectada de ninguna manera a la opinión de los demás. Al usar la palabra «relajada» no me refería a que debes parecer aburrido o sin energía de ninguna manera. De hecho, todavía puedes tener toda la pasión y entusiasmo y hasta un fuerte sentido de la urgencia. La distinción principal aquí es que tú siempre quieres estar atrayendo a la gente con tu pasión y fuerte creencia en la visión o posibilidad que estás presentando sin tener que parecer ansioso o necesitado.

Cuando estamos atrayendo a la gente con «intensidad relajada» tenemos los pies firmemente puestos sobre unas bases fuertes de confianza y por lo tanto tenemos un fuerte sentido del equilibrio. Pero cuando nos inclinamos hacia adelante para tratar de agarrar a la gente—sólo el hecho de inclinarnos hacia adelante para tratar de hacer que estén de acuerdo con nosotros, hace que perdamos el equilibrio y en realidad le da ventaja a la otra persona y le permite manejar la conversación.

Otro ingrediente clave para que puedas crear la «intensidad relajada» es tomar esa clase de acción masiva al hacer un gran número de llamadas telefónicas y compartir tu visión con muchas personas diaria o semanalmente de modo que puedas crear gran movimiento.

Hay una gran diferencia entre la gente que trata de construir su éxito como si fuera una «afición» y la gente que construye el éxito como el resultado de convertirse en hombres o mujeres que están en «una misión» para hacer que sus sueños y visiones se manifiesten en una realidad. Cuando hayas construido y creado el suficiente movimiento puedes estar seguro que con el tiempo los números siempre van a trabajar en tu favor.

La «intensidad relajada» es simplemente lo opuesto a la preocupación y a estar nervioso todos los días porque todo depende de si dos o tres personas van a decir «Sí» o «No.» La «intensidad relajada» es «saber» que has «puesto lo suficiente» como para que la Ley de la Reciprocidad se haga cargo de ti. Enunciada en forma simple: «En la medida en que das, así recibirás». Si compartes tu visión con un número pequeño de personas probablemente experimentarás una pequeña cantidad de éxitos, así que comparte tu visión, ideas, oportunidad o misión con cantidades masivas de personas, y con el tiempo se te devolverá en forma de éxito masivo.

Es absolutamente sorprendente lo que ha sucedido en los pasados dieciséis años desde que hablé ante esas 45.000 personas en ese mes. Cuando pagamos el precio para ver cómo algo significativo sucede en nuestras vidas, con frecuencia recibimos beneficios residuales en los siguientes años. Así como lo mencioné anteriormente, una de las cosas que me ha puesto en el camino correcto en este negocio fue haber hablado en algunos eventos pequeños de la misma naturaleza durante los años previos. El primer compromiso para hablar en esta área de negocios específica fue en 1989 durante un periodo de tiempo en el que parecía que había tocado fondo en muchas áreas de mi vida.

Nuestro máximo éxito no será determinado por la mucha fe que tengamos, ni si somos guiados por nuestro propósito, ni por enfocarnos en nuestra misión en los días fáciles, sino en cambio, nuestro máximo éxito estará determinado en gran medida por lo fuertes, lo guiados que estemos por nuestro propósito y lo enfocados en nuestra misión en los días que parecen ser los más difíciles.

En los días en que las cosas parecen ir muy bien no es tan difícil tomar la acción necesaria para mantener las cosas funcionando, lo es en los días en los que realmente no me siento con ganas de hacer las llamadas telefónicas o ir a reunirme con gente. Si tienes la fe para aplicar las capas consistentemente en los días fáciles así como también en los más difíciles, tendrás muchas instancias en donde llegarás al final del día y te dirás a ti mismo, «Estoy tan contento de no haberme rendido ante la tentación de arruinar este día. Este ha sido uno de los días más productivos de mi vida.»

CAPÍTULO 5

Nunca renuncies; nunca te rindas

L a habilidad para mantenerse guiado por el propósito durante todas las diferentes estaciones de la vida es una clave importante para superar el rechazo y para la manifestación de logros fenomenales que ocurrirán durante el camino.

Las palabras «nunca renuncies y nunca te rindas» son milagrosas, y debo admitir—estoy seguro que no estoy sólo cuando digo esto: «Han habido momentos en mi vida en los cuales la razón principal por la cual no me rendí fue simplemente porque no creí en renunciar.»

A veces tal vez no tengamos ninguna evidencia tangible de que las cosas van a mejorar. Durante esos momentos es útil saber que existen estaciones inevitables en la vida que todo el mundo debe atravesar, y es nuestra decisión si bien simplemente nos mantenemos ahí mientras las cosas se calman o si escogemos crecer. Tenemos la primavera, cuando se prepara el campo y siembra; el verano, cuando se debe regar las plantas que están creciendo y asegurarte que la maleza no invada tu jardín; el otoño, cuando se cosecha los frutos y se obtiene los beneficios de tu labor; y también tenemos el invierno.

La temporada de invierno en el noroeste de Pennsylvania, en donde nací, crecí y viví puede ser brutalmente fría, con mucho hielo y nieve. Recuerdo muy bien muchas temporadas de invierno en mi vida cuando estaba trabajando tan duro como podía para llegar al siguiente nivel de mi sueño y mi propósito. En esos momentos nada parecía estar creciendo en ese instante y aun mis más grandes esfuerzos y mi duro trabajar no parecían estar dando frutos. Hubo muchas ocasiones cuando la única cosa que me hacía llegar hasta el día siguiente era el hecho que tenía una creencia sólida como una roca en que esa estación eventualmente cambiaría. Creía que si no me rendía, que aun cuando había llegado al fondo y parecía estar en la mitad del «invierno», si podía sostenerme y aferrarme a la visión del siguiente nivel más alto hacia el cual estaba trabajando, tarde o temprano entraría en la «temporada de primavera» en donde podría construir y sembrar de nuevo.

Han habido muchos, muchos días en el pasado cuando eso era todo lo que tenía a qué aferrarme. Durante algunas estaciones en la vida simplemente tenemos que dejar todo en manos de la creencia que, si podemos mantenernos guiados por el propósito, mantener nuestros pensamientos en el camino correcto, trabajar tan duro como podamos y ser una bendición para cuantas más personas nos sea posible diariamente, entonces en algún punto la estación cambiará y siempre llegaremos al punto de nuestra masa crítica.

Alcanzar la «masa crítica» es un término nuclear para cuando el núcleo de un átomo se divide y libera energía generando una explosión o reacción en cadena dividiendo los átomos cercanos. Estos átomos cercanos también liberan su energía la cual o bien produce energía nuclear que podemos utilizar o una explosión masiva.

Nosotros también alcanzamos un tipo de «masa crítica» cuando hemos actuado en forma suficientemente, consistente y productiva como para obtener algún progreso lo cual nos impulsa hacia nuestro siguiente nivel más alto. Una cosa maravillosa que descubrí es que sin excepción «rehusar a rendirse» eventualmente resulta en una victoria todas las veces.

A veces estamos tentados a rechazarnos a nosotros mismos

Si leíste mi libro *La magia está en la milla adicional*, tal vez recuerdas que compartí sobre la época de mi vida durante los años 1989 a 1990 cuando dormí en el piso de la oficina por un período de casi siete meses porque no tenía dinero suficiente para vivir en ningún otro lugar.

No voy a contar la historia completa aquí sino sólo tocaré algunos puntos de ese período de mi vida para enfatizar en algo muy importante. También te voy a dar un reporte actualizado de algunas cosas sorprendentes que han sucedido desde que escribí acerca de esto en mi libro pasado.

En tu vida y en la mía la historia continúa desenvolviéndose, y dentro de algunos años podremos mirar atrás y ver más claramente lo mucho que valió la pena, y lo que todavía lo vale continuar con la visión correcta, aún en los tiempos más difíciles.

Con frecuencia lo que parece ser una «decepción inconveniente» en nuestras vidas es realmente el proceso por el que necesitábamos pasar para crear un logro. Estuve muy tentado a ver el hecho de dormir en el piso de mi oficina como un inconveniente. Recuerdo estar tendido en ese piso, mirando mi escritorio y preguntándome si había perdido la cabeza cometiendo el más grande de los errores de mi vida. Luego pensé, «Bueno, por lo menos no estoy sólo» porque en la oficina contigua a la mía estaba mi nuevo y recién encontrado mentor, motivador y orador, Les Brown, también durmiendo en el piso de su oficina. Pero luego pensaba, «Tal vez estamos locos los dos.» Vivir en esa oficina en el piso veintiuno del edificio Penobscot en el centro de Detroit, Michigan, era una oportunidad real de rechazarme a mí mismo como un total perdedor.

Antes de mudarme a Detroit, vivía en Pennsylvania y había viajado muy poco debido a compromisos.

Principalmente había estado hablando sólo en reuniones en un radio de sesenta a noventa millas alrededor de mi área, y también había estado conduciendo un programa local de televisión y otro programa en la radio cinco días a la semana por varios años.

La razón principal por la cual me mudé a Detroit fue para trabajar con Les, de modo que pudiera cumplir con la visión que mi madre me había inculcado mientras crecía. Todos los días ella me decía, «Larry, vas a crecer, vas a llevar un mensaje en tu corazón y hablarás ante miles de personas.» Me resistí y no creí en sus palabras durante los primeros diecisiete años de mi vida, y les causé a mi madre y mi padre muchos problemas y decepciones durante esos años.

De hecho, hasta la edad de diecisiete me veía y actuaba más como alguien que podría terminar en una prisión en vez de un escenario. Poco después de cumplir diecisiete años tuve un gran cambio en mi vida y acepté esta visión y propósito para mi vida.

Estoy muy agradecido con mi madre y mi padre por su persistencia conmigo y por no rechazarme. Mi madre era la que me hablaba, y mi padre—«hombre de pocas palabras» fue siempre un pilar de fortaleza y amor. Ambos sostuvieron esa visión y creyeron en mí cuando yo no lo hacía. Mi madre sólo estuvo con nosotros por un corto periodo de tiempo hasta cuando cambié mi vida y mi propósito, de hecho, la primera vez que hablé en público para un grupo de personas ella estaba sentada en la primera fila escuchándome y apoyándome, y treinta días después partió a reunirse con el Señor. No sé si ella puede ver lo que ha sucedido en mi vida desde entonces, pero me gusta creer que desde el cielo ella ha sido capaz de ver cómo la visión que ella tenía para mí se ha convertido en una manifiesta realidad.

Desde el puro principio, cuando comencé a cumplir mi propósito, sabía que para lograr «hablar ante miles de personas» comenzaría a viajar y a hablar por todo el país y también internacionalmente.

Aunque continué hablando para pequeños grupos de personas durante mis veintes y treintas, y también comencé a llegar a más personas a través de la radio y la televisión, sabía en mi corazón que la visión de «hablar ante miles de personas» significaba que estaba dispuesto a compartir con la gente los principios que enriquecerían sus vidas, frente a frente, en salas de reuniones, auditorios y coliseos alrededor del mundo.

De modo que cuando la oportunidad de trabajar con Les Brown se presentó no dudé en lanzarme con fe para comenzar a viajar y hablar a nivel nacional. Dejé de hacer el programa semanal de televisión y dejé de trabajar también en los programas diarios de radio y me mudé a Detroit lleno de fe, creyendo que trabajar con Les Brown—quien ya estaba hablando en todo el país—me daría la guía necesaria para lanzarme a hablar en todo el país también. Estoy muy agradecido con Les por creer en mí y ayudarme a alcanzar el nivel más alto durante esos días agotadores que ocurrieron hace más de dieciséis años.

Antes de la época en que dormía en el piso de la oficina me había mudado a una de las habitaciones de la casa de Les. Luego, después de una serie de retos inesperados terminamos los dos viviendo y durmiendo en nuestras oficinas.

Justo un día antes que descubriéramos que tendríamos que vivir en la oficina por un tiempo, mi auto fue robado en el centro de Detroit, y la cobertura de mi seguro no era lo suficiente como para comprarme otro inmediatamente. De modo que mis alternativas de transporte eran pedirle a la gente que me llevara, pedirle a alguien el auto prestado, o usar el transporte público.

Durante esta época Les, su primo Bou—cuyo verdadero nombre era Alexander—y yo, nos levantábamos muy temprano todos los días y por turnos usábamos un baño público para afeitarnos y bañarnos. Luego me dirigía a mi escritorio y hacía entre sesenta y cien llamadas telefónicas todos los días para tratar de encontrar grupos que me contrataran para ir a hablar en sus reuniones.

Cuatro años antes de llegar a este punto tenía una gran necesidad de asimilar pensamientos positivos basados en la verdad a partir de cualquier fuente que pudiera encontrar. El intercambio y reemplazo de pensamientos fue parte de mi rutina diaria y creía muy fuertemente en el poder de la oración, de la lectura, de escuchar material de enseñanza positiva y de la música inspiradora. Pero en la época precisa en que estaba viviendo en la oficina leí más libros de los que jamás había leído, escuché más discos compactos de enseñanza de los que previamente había escuchado y recé más de lo que jamás había rezado. Tenía que inundar mi mente y mi corazón con principios basados en la verdad todo el día entero, todos los días, para evitar la depresión y para mantenerme optimista y positivo.

Las cosas fueron muy difíciles por más de seis meses y no pude pagar muchas de mis cuentas. Durante este tiempo estuve realmente tentado a «rechazarme a mí mismo» y a la visión de alcanzar un nivel más alto y un propósito en la vida.

Recuerdo estar mirando por la ventana de ese piso veintiuno a las dos o tres de la mañana, y los pensamientos negativos simplemente corrían por mi mente. Pensaba, «Larry, eres un estúpido, estás loco, nunca lo vas a lograr tu sueño, y eres también un hipócrita y un fraude porque estás hablándole a grupos de personas acerca del éxito mientras tu vida se va por la cañería».

Quitaba entonces los cojines del sofá de la sala de espera, los ponía en el piso y después me acostaba en ellos para dormir cada noche. Recuerdo que miraba esos cojines y mi primer pensamiento era, «La gente se sentó en esos cojines durante todo el día, y quién sabe qué dejaron en ellos cuando se sentaron».

Luego, mi siguiente pensamiento era, «Larry, eres un completo fracaso. Varias personas se sentaron en esos cojines porque estaban esperando entrar en tu oficina para una sesión de guías y consejos contigo, y te pagaron para que les enseñaras a convertirse en personas más exitosas. Estás tomando el dinero de las personas para guiarlas hacia el éxito y ni siquiera puedes guiarte tú mismo lo suficientemente bien para ganar dinero suficiente para pagar un sitio apropiado en el cual vivir».

Luego me sacudía y me quitaba ese negativismo al comenzar a leer un libro, escuchar un disco compacto, rezar o declarar en voz alta afirmaciones de principios de éxito basados en la verdad. Así sacaba esos pensamientos negativos y los reemplazaba con otros positivos. Día a día me volví mejor en ganar esta batalla que se llevaba a cabo en mi mente.

Luego de meses de trabajar diariamente para mantener mis pensamientos correctos, aun cuando mis circunstancias parecían insuperables, ocurrió un evento grandioso en mi vida.

Fui a hablar a un grupo de alrededor de veinte personas, y después que terminé mi charla una persona me dio un pedazo de papel con un nombre y un número de teléfono. El dato era de un hombre que organizaría una conferencia el viernes siguiente y quien me lo dio me sugirió que lo llamara para ver si tal vez podría ir a hablar en su reunión.

Al día siguiente cuando estaba haciendo mis sesenta a cien llamadas rutinarias encontré este pedazo de papel y llamé a este líder de negocios que me había sido referido. Para mi agrado, estuvo de acuerdo en que fuera a hablar para su grupo en la conferencia que organizaba ese viernes en julio de 1989.

Esta era la primera vez en la que hablaba en esta área de negocios en particular, y estaba muy emocionado al saber que habría más de dos mil personas en la audiencia. El viernes volé a una ciudad distante y cuando entré al lugar de la conferencia sentí inmediatamente una conexión con los líderes y la gente. Compartí una presentación simple sobre los cuatro principios en los que había estado meditando por semanas. Sabía que estos principios habían estado funcionando para mí manteniéndome centrado y guiado por el propósito durante mis difíciles circunstancias, y si estaban funcionando para mí creía con pasión que también funcionarían para cualquiera que los pusiera en práctica.

El grupo de personas en esa reunión en particular eran todos empresarios independientes, de modo que pudieron relacionarse completamente con los principios que compartí. Mi presentación fue muy bien recibida y me sentí «cumpliendo con mi propósito».

Junto con la alegría de la experiencia de esa conferencia gané el dinero suficiente para pagar todas mis cuentas ese mes, así que la misma noche que regresé a Detroit quité los cojines del sofá de la sala de espera y los puse en el piso de mi oficina, tal como lo había hecho por varios meses.

Pero antes de acostarme a dormir saqué mi libreta de cheques y pagué a cuantas personas les debía y además hice abonos de mil y dos mil dólares a mis deudas por tarjetas de crédito, que por demás, se habían salido totalmente de control. Me sentí maravillosamente al meter los cheques en esos sobres, colocarles las estampillas y ponerlos en la esquina de mi escritorio para ser enviados por correo a la mañana siguiente.

Después de hablar en esa conferencia lo máximo que esperé que pasara con este grupo en particular era que tal vez me pedirían que hablara en otra de sus conferencias algún día. Lo que en realidad no me imaginé fue que acababa de entrar en una red que me conectaba con millones de personas de negocios.

Mencioné en este libro, en un párrafo anterior, sobre la tercera de muchas grabaciones y programas en discos compactos que habían sido distribuidas a través de esta organización y otras más afiliadas alrededor del mundo. Bueno, la presentación que compartí en ese fin de semana de 1989 fue grabada, y en poco tiempo ese casete se convirtió en el primero de muchos programas que fueron seleccionados para ser distribuidos a través de los años como «audio de la semana» por lo que 150.000 copias de esa presentación fueron distribuidas en el mundo entero.

Ocurrió un evento importante, y desde ese día hasta hoy mi vida nunca ha sido la misma. Como resultado directo de esa grabación distribuida a 150.000 personas y los comentarios persona a persona que resultó de ello, muchos líderes a través de esta red de cientos de organizaciones me han pedido que hable en sus conferencias. Estas audiencias han sido de mil, cinco mil, diez mil y hasta dieciséis mil en una sola reunión. Cuando sumo todos los grupos para los cuales he podido hablar debido a referencias directas originadas en esa primera conferencia de 1989, puedo reportar humildemente que durante los últimos diecisiete años he hablado para más de un millón de personas, cara a cara, sólo en esa área específica de negocios. Todo esto sucedió como resultado de una sola llamada telefónica que hice un día durante un período de mi vida cuando dormía en el piso de mi oficina.

No estoy narrando esto para impresionarte—digo esto para que seas consciente que tú no sabes en qué día levantarás el teléfono, marcarás un número y quien conteste al otro lado de la línea se convertirá en la persona más significativa en los negocios y en tu vida futura.

Continúa marcando ese teléfono—la forma más probable en que encuentres «tu gente» es al hacer muchas llamadas todos los días. Tal vez ya conoces a la persona a la que llames, en el supermercado, en la iglesia en la estación de gasolina o a través de un amigo o miembro de tu familia. Valora tu lista de contactos de la misma manera en que valorarías un saco de oro, porque realmente tu lista de teléfonos es mucho más valiosa. Cuantas más veces marques tu teléfono, más rápidamente encontrarás «tu gente más significativa».

Alguien podrá preguntar, «¿Larry, en 1989 cómo podías salir y hablarle a los grupos sobre ser exitoso cuando ni siquiera tenías dinero suficiente para comprar un auto o para vivir adecuadamente?» La respuesta a esta pregunta es muy simple: Tenía que llegar a un lugar en mi vida en donde creyera que los verdaderos principios del éxito siempre funcionarán si se ponen en práctica. Esos principios de verdad y éxito no importarían así estuviera durmiendo en el piso de una oficina o en la casa más lujosa de la ciudad. Si ponía esos principios en práctica con fe, funcionarían para mí y me producirían resultados positivos.

Los principios del éxito basados en la verdad nunca nos fallarán. Los ingredientes principales necesarios de parte nuestra son **persistencia** y **consistencia**. Enunciado en forma simple, «Si pides, recibirás, si buscas encontrarás, si tocas una puerta, ésta se abrirá para ti».

El punto clave aquí es no rechazarse a sí mismo porque las cosas no parecen ir tan bien como le gustaría que fueran en una estación en particular de la vida. Cuando nos rechazamos a nosotros mismos y nos conformamos con una existencia en la zona de comodidad en cambio de ir al siguiente nivel, el hecho de haber rechazado la visión de nuestra vida debilitará nuestra fe y automáticamente nos descalificará de ser capaces de sostener la energía mental y emocional requerida para continuar pidiendo, buscando y tocando puertas.

Algunas veces debemos «hablar de cosas que no son, como si lo fueran». Esto tal vez parezca algo loco para algunas personas, pero con frecuencia es la única forma de seguir creyendo en ti mismo y mantenerte con una fe activa en aquellos días en los cuales las cosas no parecen ir en la dirección correcta y que pareciera que no importa qué tan duro estés trabajando porque sigues sin llegar a ningún lado.

En la obra *El hombre de la mancha* hay una cita que siempre ha significado mucho para mí: «Es una locura aceptar la realidad como es, en cambio de cómo debería ser».

Te tomará varios días de esfuerzo deliberado y acción para mantenerte positivo y para no ceder ante la tentación de rechazarte a ti mismo. Tenemos que practicar mucho el reemplazo e intercambio de pensamientos para mantener viva nuestra fe y en la dirección correcta.

Alguien que nunca ha leído ninguno de mis libros o nunca me ha escuchado tal vez se preguntará, «¿Qué es reemplazo e intercambio de pensamientos?»

El reemplazo de pensamientos es la diaria práctica de reemplazar los pensamientos negativos y charla interna negativa que previamente hemos permitido meterse en nuestras mentes y corazones por pensamientos positivos basados en la verdad. Y es que todo lo que esté vivo y saludable tiene un sistema de eliminación de residuos que funciona apropiadamente. El intercambio de pensamientos es la práctica diaria de intercambiar nuestros pensamientos positivos basados en la verdad por leyes y principios basados en la verdad en un nivel más alto.

En otras palabras, para practicar el intercambio de pensamientos debemos estar dispuestos a ser lo suficientemente humildes como para cambiar lo que pensábamos era «la verdad completa». Cuando descubrimos que estamos operando con una visión limitada y que «la verdad real y más completa» se encuentra en un nivel más alto que el nivel en que estábamos operando y pensando previamente, intercambiamos rápida y completamente nuestros pensamientos anteriores con los pensamientos más llenos de verdad que acabamos de descubrir. «Así como piensa un hombre, en eso se convertirá.»

Mientras continuamos con la diaria colección de pensamientos, nuestros pensamientos superiores eventualmente cambiarán nuestra filosofía sobre diferentes áreas de la vida. Este cambio de filosofía automáticamente cambiará nuestra realidad, y este cambio en nuestra realidad finalmente se manifestará en forma de una experiencia de vida superior. Pero primero tenemos que tener los pensamientos correctos, la visión adecuada y la fe correcta por un periodo de tiempo aún si no vemos la visión manifiesta.

En tu corazón, en tu «verdadero yo», puedes saber que sabes, aun antes de que exista una evidencia que pruebe que la visión de lo que sabes es el sueño y el propósito más grande en tu vida. La Ley de la Fe requiere que primero «lo sepamos» y «lo veamos» en nuestro interior, y luego se verá manifiesto en el mundo exterior en donde los cinco sentidos puedan observarlo.

Algunas personas dicen, «Lo creeré cuando lo vea», pero el método de operación de ahora es «la sustancia de las cosas que anhelo y la evidencia de las cosas que no veo». (Hebreos 11.1) Si te resistes a la tentación de rechazarte a ti mismo, y a tu sueño y tu propósito, y mantienes la visión correcta lo suficiente, te aseguro que se convertirá en una realidad o evento manifiesto.

Funciona si lo pones en práctica

Hoy en día puedo salir sin vergüenza y con pasión a hablarle a la gente acerca de los principios de éxito basados en la verdad, así como lo hice en 1989, simplemente porque sé que a través de la historia han sido comprobados en un cien por ciento.

Alguien tal vez preguntará, «¿Pero Larry, en 1989, cómo superaste la tendencia de sentirte un hipócrita y rechazarte a ti mismo? No parecerías tener mucho éxito si alguien te viera durmiendo en el piso de tu oficina.» La respuesta a esto es también muy simple: A veces, ciertamente me sentía como un completo hipócrita o un fraude, pero luego, en la medida en que seguía renovando mis pensamientos, me daba cuenta que sería muy presuntuoso de mi parte que los verdaderos principios fundamentales del éxito, ya probados en el tiempo, necesitaran de mí para validarse o que de alguna forma se debilitarían o se fortalecerían dependiendo de mis circunstancias en la vida o en la de cualquier otra persona en cualquier momento.

Me mantuve centrado en el hecho que los principios de éxito basados en la verdad y en la fe realmente funcionan porque están basados en leyes que son tan reales y confiables como la Ley de la Gravedad y la Ley que establece que la luz siempre disipa la oscuridad. Cuando se suelta algo de cualquier peso, cae hacia la tierra, y cuando la luz entra en una habitación oscura la oscuridad desaparece. Nadie discutirá estas Leyes porque han sido comprobadas por experiencias de vida el número suficiente de veces como para remover cualquier duda acerca de su validez. Estas leyes funcionarán tan bien para una persona que en la actualidad vive en una oficina como también funcionarán para una persona que vive en una mansión de millones de dólares.

Al mantener mi mente continuamente renovada y mi corazón continuamente reafirmando esta verdad, fui capaz de mantenerme firme mental, espiritual y emocionalmente, porque sabía que decretar estas leyes como verdaderas era no sólo algo que podía compartir y hablar con los demás con el más alto nivel de integridad, sino que también estaba hablando y pronunciando palabras creativas que se manifestarían al rehacer mi vida al ayudar a otras personas a rehacer sus vidas también.

Establecí en mi mente y en mi corazón que estas leyes nunca podrían convertirse en algo más verdadero, poderoso o potente de lo que ya eran y que funcionarían cada vez que tomara acción y trabajara con ellas apropiadamente. No dependían de mí ni de nadie más para validarse o decidir si continuarían funcionando y ser verdaderas. Funcionarán para cualquiera que realmente las ponga en práctica y trabaje con ellas, en cualquier lugar, todo el tiempo, y eso es todo... punto.

Leer las biografías de personas exitosas y guiadas por el propósito prueba históricamente que algunas de las personas que lograron las cosas más grandiosas, eran también personas que comenzaron con lo que parecían ser las más grandes desventajas.

De modo que si aun nuestras circunstancias no son lo que deseamos, todavía podemos salir y ayudar a otras personas a convertirse en un éxito. Si compartimos los principios de éxito con la suficiente cantidad de personas, y podemos ayudar a otro buen número de personas a llegar a su siguiente nivel, entonces seremos empujados hasta nuestro próximo nivel como resultado automático por estar operando en la «Ley de la Reciprocidad», y nuestras circunstancias mejorarán en forma correspondiente.

No voy a hablar sobre una larga lista de estas leyes y principios porque siento que debo mantener esta parte de este libro tan enfocada en el punto como sea posible. Pero creo que es benéfico para nosotros revisar más profundamente esta «Ley de la Reciprocidad.»

Una vez más, así como la Ley de la Gravedad, esta ley siempre funcionará si la pones en práctica. La «Ley de la Reciprocidad,» también se enuncia de la siguiente manera: «En la medida en que das, así recibirás.» Tienes que sembrar si quieres cosechar. Tienes que estar dispuesto a dar algo de amor a alguien más si quieres recibir amor. Si quieres paz, tienes que dejar de preocuparte. Si deseamos el éxito, tendremos que renunciar a los hábitos que nos han hecho fracasar en el pasado. Si deseamos más dinero, tendremos que dar o invertir algo de dinero primero.

Esto incluye la realidad que mencioné anteriormente, en la cual, la mayoría del tiempo tú y yo tendremos que comenzar a confiar «con fe,» aun cuando no hayamos recibido ninguna señal de que las cosas están cambiando en algo positivo.

También, tenemos que usar sabiduría en la medida en que decidimos en dónde dar y a quién. A veces es buena idea pedirle consejo a tu mentor sobre en quién y en dónde debemos sembrar nuestra fe.

Operar con buen discernimiento concerniente a dónde invertimos nuestro tiempo, energía y sustancia, nos mantendrá alineados con la Ley de la Buena Gestión, la cual, para enunciarla en lenguaje simple, dice, «A aquel que se basa en la fe, cuando recibe autoridad para recibir una pequeña cantidad de cualquier tipo de bendiciones en la vida, en últimas, se le entregarán dones y autoridad para recibir mucho en forma abundante», (véase Lucas 16.10) aún hasta el punto en donde «...las bendiciones nos llegarán y nos colmarán…» (Deuteronomio 28.2) en formas y cantidades que están «...más allá de lo que podamos pedir o pensar» (Efesios 3.20) y en niveles más altos de los que jamás imaginamos posibles.

Bueno, nuevamente tengo que disciplinarme aquí para dejar de hablar acerca de estas leyes, de lo contrario este libro nunca terminará.

¡Es sorprendente mirar hacia el pasado y darme cuenta de todas las cosas grandiosas que han sucedido y que se originaron en esa llamada telefónica!

Al adelantar rápidamente la «película de mi vida» tengo que pellizcarme para asegurarme que no estoy soñando mientras reviso lo que ha sucedido desde el día en que me involucré por primera vez en el área de la oratoria a nivel nacional, hablando luego para ese grupo de dos mil personas, la primera distribución de las ciento cincuenta mil cintas y discos compactos, y luego la llamada número veintidós que le hice a ese gran líder de negocios—la cual resultó en el privilegio de hablar ante esas cuarenta y cinco mil personas en un mes.

He hablado ante muchas audiencias diferentes en muchos nichos de mercado diferentes a través de los años. Pero mientras pienso en la bendición de haber tenido el privilegio de hablar en vivo y cara a cara ante más de un millón de personas en los Estados Unidos, a través de Europa, Canadá, África del Sur y en muchos otros lugares alrededor del mundo como resultado de haber trabajado en este nicho específico del mercado, también tengo el corazón lleno de gratitud porque hasta hoy más de tres cuartos de millón de copias de audio de mis presentaciones han sido distribuidas como parte de los programas de «cintas o discos compactos de la semana» en este mismo nicho, y este número muy probablemente superará el millón de copias en los años venideros.

Adicionalmente, cientos de miles de copias de mis libros han sido distribuidos a través de los programas del «libro del mes» exclusivamente a través de este mismo nicho. De hecho, mi sentido de urgencia para terminar de escribir mi primer libro se debió principalmente al hecho que sabía que existía la necesidad por lo que estaba compartiendo, y creía que miles de copias serían vendidas inmediatamente tan pronto lo terminara.

Es humildemente y con un enorme sentido de gratitud que me doy cuenta que les debo mucho a varios líderes grandiosos que han sido una bendición para mí y han promovido mi trabajo a través de los años, no sólo en este nicho del mercado, sino también en otros negocios, organizaciones y grupos con los que he tenido el privilegio de trabajar.

Entienda por favor del lugar del que vengo en mi corazón mientras le narro estas bendiciones sorprendentes. Mi deseo aquí es dejar muy en claro que no son nuestras circunstancias presentes las que son los factores determinantes de qué tan alto podemos llegar en la vida... es si bien podemos mantener nuestros pensamientos correctos y guiados por el propósito, enfocándonos en los principios de éxito basados en la verdad, aún en los tiempos más difíciles. Eso es lo que hace la diferencia en si bien llegamos o no a nuestro siguiente nivel y disfrutamos de la libertad en cada área de nuestras vidas.

¿Es importante que hagamos muchas llamadas y hablemos con mucha gente mientras construimos cualquier visión, misión o negocio? ¡SÍ! ¡SÍ! ¡SÍ! «Debemos hablar con cuantos podamos para encontrar unos pocos que están destinados a caminar con nosotros.» ¿Acaso no es emocionante saber que si continuamos consistentemente «hablando con muchos para encontrar algunos» por un período suficiente de tiempo, vendrán tiempos en donde los pocos que encontremos saldrán entonces a encontrar «los muchos»? Pero primero debemos pagar el precio por adelantado y «hablar con muchos». No estoy hablando aquí de una teoría no comprobada. Hice miles de llamadas telefónicas antes de hacer esa llamada en 1989, y luego hice esas veintidós llamadas telefónicas a otra persona, y muchas otras llamadas a más y más personas diaria y semanalmente.

¿Acaso valió la pena enfrentar todo el potencial del rechazo que vino junto con todas esas llamadas telefónicas y reuniones con esas personas? La respuesta a esa pregunta es sí, sí, sí, y un número infinito de sí...

Agradezco muy humildemente por todas estas bendiciones porque sé que no soy más especial que otra persona. Si cualquiera está dispuesto a superar el mismo número de rechazos y esperar por las recompensas como lo hice yo a través de los años, no hay duda que cualquiera en su propia actividad y en el nicho en que se ha propuesto trabajar, puede recibir mucho, mucho más de las cosas con las que he sido bendecido.

Realmente creo que la mayoría de la gente se rinde muy fácilmente. Permíteme presentar un reto para ti y para mí aquí mismo. Aceptaré este reto junto contigo porque sé que sólo hemos explorado la superficie de lo que en realidad es posible para nosotros. Los líderes más grandiosos que he tenido el privilegio de conocer son personas que todavía no han «llegado» o han alcanzado su nivel más alto. Tenemos grandes montañas que escalar y niveles más altos a los cuales llegar y muchas más personas para las cuales podemos ser una bendición al ayudarlos a alcanzar niveles más altos de libertad en sus vidas.

De modo que aquí esta el reto: Salgamos y saquemos esa lista de personas a las que hemos llamado cinco o diez veces hasta rendirnos. Si no tienes una lista mira entonces en tus archivos o directorio y haz una lista. Siéntate y piensa en todas las personas que has llamado para invitarlos a tu negocio o cualquiera que sea la visión que te apasiona, pero que después de varios intentos nunca los volviste a llamar porque te sentiste rechazado.

Ahora, tú no tienes que ser tan loco como yo y llamar veintidós veces, pero te quiero animar a que levantes el teléfono y comiences a llamar a estas personas de nuevo hasta que digan, «Sí» o «No me llames de nuevo».

De acuerdo con mi experiencia, cada vez que he sacado mi lista y he llamado a la gente que no respondió afirmativamente en el pasado, SIEMPRE he descubierto que algunas de aquellas personas están ahora en un lugar diferente en la vida y pensando diferente a como lo hacían la última vez que hablé con ellos. Y el hecho de que han llegado a un lugar diferente en la vida, con prioridades diferentes, ha hecho que ahora reaccionen positivamente ante mí.

Con frecuencia, estas personas a quienes llamo después de seis meses, un año o hasta varios años, se convirtieron en el más fuerte soporte en mi vida y en los negocios después de reconectarme con ellos.

Alguien tal vez dirá, «Bueno, no quiero estar molestando a la gente y convertirme en una pesadilla». Bueno, por favor recuerda que si somos cuidadosos para ser amables y pacientes mientras estamos «molestando» a esa gente, y si seguimos aplicando capas delgadas, una a la vez, las personas que contactemos estarán más dispuestas a desarrollar un profundo respeto por nosotros porque estamos siendo persistentes sin estarlos empujando.

Tal vez tú no terminas hablando ante cuarenta y cinco mil personas en un mes ni experimentando las mismas bendiciones que he disfrutado personalmente, pero en tu área de actividad vivirás algunos eventos que serán igual de grandes, y aún hasta más grandiosos en relación con lo que te has propuesto hacer en la vida. Con el tiempo, serás capaz de recibir algo justo tan importante y valioso para ti en el contexto de tus metas y tu visión en la vida.

El verdadero éxito nunca es una gnaga. Siempre tendrás que pagar el precio completo, pero las bendiciones que recibirás después de hacerlo te recompensarán en los años venideros.

Algunas veces no es rechazo—es sólo cuestión del momento adecuado

¿Has experimentado alguna vez momentos en los que sentiste que alguien te estaba rechazando y la razón principal por la cual no respondieron positivamente sonó a algo como esto: «Me encantaría decir sí, pero el momento simplemente no es el adecuado»? Es cierto que ésta es una de las frases más usadas para negarse ante una propuesta, pero también es vital que recordemos que el momento adecuado es una parte importante en el proceso de toma de decisiones.

Todos también hemos tenido personas tratando de deshacerse de nosotros con la excusa del «momento adecuado» cuando tal vez sabíamos que lo que fuera que estaban pensando tenía muy poco que ver con su preocupación por la adecuada sincronización con el momento.

Sin embargo, hay momentos en los cuales simplemente sabes que estarás desperdiciando tu aliento si continúas hablando con una persona específica. He descubierto que frecuentemente no vale la pena olvidarse de alguien porque dicen que tienen cierto grado de precaución acerca del momento adecuado para aceptar lo que estoy proponiendo.

Puedo hablar de mi experiencia personal cuando una persona me dice que el «momento adecuado» es el principal obstáculo para aceptar mi propuesta. En la mayoría de los casos esto no era una luz roja o una señal de alto sino en cambio una luz amarilla indicando que necesitaba ir más despacio, mirar en todas las direcciones y luego proceder a avanzar con deseo de descubrir cómo ajustar el momento adecuado de modo que funcionara para ellos.

Con frecuencia cuánto más grande sea el negocio o cuánto más grande sea la recompensa con la cual eventualmente seremos bendecidos, hay más necesidad de que seamos pacientes y continuemos avanzando aun ante las demoras que se presenten, así vengan una detrás de otra.

Poco tiempo después que terminé de escribir mi primer libro, *El poder del propósito* (inicialmente titulado: *Cómo guiarse por el propósito*) al final de los años noventa, alguien me contó sobre una compañía que había comprado veinte mil unidades de su libro en una sola orden. Estaba haciendo llamadas telefónicas todos los días a personas que terminaban comprando cincuenta, cien, quinientos o aun mil libros en una sola orden, pero esto de veinte mil en una orden sonaba sorprendente. Los veinte mil libros serían impresos y enviados directamente de su compañía editora al cliente en un sólo despacho, y luego el cliente distribuiría los libros a veinte mil clientes diferentes.

Después de obtener la información de esta compañía me puse en contacto con ellos y les envié unas muestras de mi libro. Luego procedí a hacerle seguimiento con llamadas telefónicas para ver si lo habían recibido. Dieciséis llamadas más tarde finalmente escuché las palabras, «Sí, hemos terminado de revisar su libro». Estas palabras fueron rápidamente seguidas de otra frase: «Nos gusta…pero el momento no es el adecuado para usarlo».

Continué llamando a esta compañía y mientras llevaba registros detallados de cada vez que los llamaba comencé a preguntarme si tal vez nunca encontraría el momento adecuado. Me avergoncé un poco a veces, pero continué haciendo la misma pregunta a la misma persona mientras seguía llamándolos cada siete a catorce días por cerca de nueve meses.

Cada vez que llamaba hacía básicamente la misma pregunta: «¿Es el momento adecuado para que su compañía use mi libro?» Traté de ser creativo de modo que no decía esas mismas palabras en el mismo orden cada vez que llamaba, pero cuando no escuchaba el «Sí» que estaba esperando entonces preguntaba, «¿Cuándo los puedo llamar de nuevo para hablar acerca de esto otra vez? Generalmente decían, «Nuestra próxima reunión para revisar los libros es en una o dos semanas» de modo que lo anotaba en mi agenda para llamarlos en un día específico.

Después de treinta y una llamadas de obtener la misma respuesta: «El momento no es el adecuado», para mi sorpresa escuché, «Sabes qué, Larry, ayer tuvimos una reunión y todos estuvieron de acuerdo en que este es el mejor momento para usar tu libro. Te enviaré por fax una orden de compra por veinte mil copias y esperamos recibirlas en cinco semanas».

No hay necesidad de decirlo, pero estaba extasiado ese día. Sé que la mayoría de la gente hubiera dejado de hacer esas llamadas mucho antes pero creo que la mayoría de las veces simplemente no sé cuando desistir. Si se me mete en la cabeza y en mi corazón que quiero algo, y es parte de mi propósito obtenerlo, pierdo la perspectiva de lo que es considerado razonable tradicionalmente, y continúo avanzando aun cuando parece ser una pulgada a la vez. Después de todo, si no quisieran que los molestara más, simplemente me hubieran dicho «NO», ¿no te parece?

Sí, sorprendentemente, alguien pudo decir, «El momento no es el adecuado» por treinta y una veces consecutivas y aun así, eso nunca fue en realidad un rechazo. Todo lo que significó fue que el momento VERDADERAMENTE no era el adecuado hasta la llamada número treinta y dos.

Después de escribir mi segundo libro, *La magia está en la milla adicional*, lo envié a la misma compañía, y adivina qué, así es—obtuve la misma respuesta: «El momento no es el adecuado para su libro». Recibí esta misma respuesta una y otra vez, y entonces un día, cuando el momento repentinamente era perfecto recibí otra orden de compra enorme.

Tal vez dudé varias veces de si comprarían mi primer libro, pero tenía muy pocas dudas acerca de si mi segundo libro sería aceptado en algún punto en que el momento adecuado llegara.

Una importante razón por la cual tenía más confianza la segunda vez fue porque ya había pagado el precio por ir más allá de la tentación de sentirme rechazado mientras vendía el primer libro. Todo el crecimiento que experimentaremos durante un periodo de persistencia nos dará más confianza en nuestros logros futuros.

El momento adecuado tal vez no lo sea todo, pero es una gran parte de muchas decisiones. Si no te rindes y te rehúsas a renunciar, descubrirás que algunos de los logros significativos de tu vida—si logras comenzar a mover las cosas—verdaderamente son, en gran medida, sólo cuestión de tiempo, persistencia y repetición de tu parte.

Si sacas esa lista de personas a las cuales ya has llamado cinco, ocho o aún diez veces, y los llamas una vez más o diez o veinte veces más, te garantizo que algunos de ellos eventualmente te dirán «Sí», y revisando algunas de esas respuestas positivas te dirás, «Me siento tan feliz de haberlos llamado tantas veces. Me siento tan feliz de no haber considerado sus respuestas como un rechazo. Ellos se han convertido en mis más grandes bendiciones de la vida.»

He aquí una nota al margen que he encontrado útil: si llamas a algunas personas cinco o diez veces en un corto período de tiempo y continúas encontrándote con su buzón de mensajes es mejor no dejar ningún mensaje cada vez que llamas. Pero después de un período de tiempo si consideras dejar mensajes no menciones los mensajes anteriores que has dejado. Mantén tu voz alegre y positiva y deja cada mensaje de voz como si fuera el primero.

Recuerda, no tienes que ganártelas todas, pero si has de ganar alguna, tienes que tener la actitud de que si te rindes y renuncias, nunca sabrás qué gran potencial era posible. El hecho es que si tomas acción y no te rindes vas a llegar a donde quieres ir.

161

Después que pagas el precio para crear movimiento —las cosas son más fáciles

Las buenas noticias son que después que has invertido un período de tiempo haciendo veinte, treinta, cincuenta o más llamadas telefónicas al día, y has asistido a muchas reuniones cara a cara con tu gente, habrás creado movimiento suficiente como para comenzar a ver el efecto de la «bola de nieve».

Cuando inicias tu búsqueda, comienzas a construir una base al llamar a muchas personas todos los días, lo cual eventualmente resultará en que te reunirás con más y más personas cada semana. Al principio no es raro que un buen número de llamadas o reuniones terminen sin obtener una respuesta positiva de la persona o personas con las cuales compartes tu visión.

Al principio, tal vez parezca que estás empujando la bola de nieve cuesta arriba, con mucho esfuerzo y con muy poca manifestación de progreso.

Pero luego, después de acción consistente, podrás sentir que un cambio toma lugar y que has llegado a la cima de la montaña. En ese punto la bola de nieve comienza a rodar montaña abajo, adquiriendo más y más velocidad y tamaño en la medida en que agregas cada día más llamadas telefónicas y reuniones.

Cada día crearás más movimiento que el día anterior, y cuando tengas un número suficiente de contactos las cosas comienzan a devolverse. Y cuando lo que has sembrado allá afuera comienza a devolverse, es sin duda, algo hermoso que hay que disfrutar.

Una vez que hayas operado alineado con la ley de «debe hablar con muchos para encontrar unos pocos» por un número suficiente de días consecutivos, comenzarás a cosechar frutos consistentemente proporcionales a la cantidad de semillas sembradas.

Por supuesto, para poder «pagar el precio» de la acción consistente de hablar con «muchos» también tendrás que «pagar el precio» de mantener tus pensamientos correctos, lo cual te permitirá desarrollar un adecuado y atractivo carisma. Descubrirás que llegará un momento en el cual tu papel cambiará; en cambio de pasar todo tu tiempo haciendo llamadas telefónicas, lo invertirás en regresar todas las llamadas que continuarás recibiendo.

La persistencia diaria es la clave aquí. Si mantienes tu movimiento diario parecerá que los milagros comenzarán a suceder. Hay un increíble sentimiento de plenitud y esperanza cuando has pagado un precio lo suficientemente alto por el tiempo suficiente. Es una sorprendente experiencia de fe cuando los papeles se invierten y llega al punto en donde la gente realmente comienza a buscarte, en vez de ser tú quien los buscas a ellos.

Para ver esto suceder tienes que hacer «lo correcto» todos los días y continuar haciéndolo. Te lo diré de esta manera, «Tienes que por lo menos hacer lo suficiente como para mantener tu avión en el aire».

Haciendo lo suficiente cada día para mantener tu avión en el aire

Así como un avión despega y comienza a elevarse, notarás que los motores parecen funcionar a su máxima potencia. He hablado con varios pilotos acerca de esto y me dicen que los motores no funcionan a su máxima potencia durante el despegue. Pienso que este hecho es muy tranquilizante, pues siempre es bueno saber que todavía tienen algo de potencia adicional en caso de ser necesaria. Por el rugir de esos motores, es bastante obvio que están empujando bastante fuerte durante el despegue.

Cuando el avión se eleva a algunos miles de pies, el piloto o el sistema automático reduce la potencia de los motores y cerca de los diez mil pies de altura la reducen de nuevo. Cuando el avión llega a la altura de crucero, la potencia de los motores es reducida aún más, hasta el punto en que en algunos aviones grandes, casi ni se siente su sonido a una altura de treinta o cuarenta mil pies.

El principio aquí es que, «Siempre se requiere de menor energía para mantener el movimiento que la que se requiere para iniciarlo».

En el contexto de cualquiera que sea tu búsqueda, cualquiera que sea la visión en la que estés trabajando o cualquiera que sea el negocio que estás construyendo, como mínimo, es de tu interés asegurarte que estás tomando la suficiente acción, y por lo menos, estás creando el suficiente movimiento cada día para mantener el avión de tu sueño, visión, misión o propósito, en el aire. Aun si no rompes ninguna marca en producción en un día en particular, si escasamente has mantenido tu avión en el aire, entonces tienes algo de que estar orgulloso. Has mantenido la Ley del Movimiento trabajando para ti.

Si sucede lo opuesto y comienzas y te detienes en tus actividades diarias, deberíamos llamarlo inconsistencias diarias, entonces muy probablemente te agotarás y renunciarás al cabo de un corto tiempo. ¿Por qué? Porque no pudiste mantener tu energía mental y emocional lo suficientemente alto y fuerte como para mantener el movimiento necesario para continuar avanzando.

Piénsalo. Digamos que estás construyendo tu negocio y en los primeros seis días del mes todo va muy bien. Has estado haciendo muchas llamadas telefónicas y muchas citas para reunirte con la gente, y el volumen de ventas está alineado con tus metas, las cuales, por supuesto, es el resultado directo de tu consistente acción diaria. Tú ves el éxito de tu negocio en el mes y te dices, «He estado trabajando tan duro que me merezco un descanso» y decides tomarte un día libre.

No hay nada de malo con tomarse un día libre de vez en cuando, pero qué tal que en este caso un día se convierta en dos, tres y finalmente seis días libres y tú no hayas hecho ni una llamada telefónica ni has acordado ninguna reunión. Seguramente las cosas comenzarán a volverse lentas hasta el punto en que tendrás que «aterrizar tu avión».

Ahora ves que se acerca la mitad del mes y ya no estás cumpliendo con tus metas mensuales, de modo que conduces el avión de tu visión o negocio por la pista y adquieres de nuevo la suficiente velocidad para despegar de nuevo.

Por segunda vez en ese mes has requerido de una tremenda cantidad de energía para lograr elevar de nuevo tu avión y comenzar a producir nuevamente.

En la tercera semana del mes, miras por la ventana y dices, «Guau, es un maravilloso día soleado. Este podría ser el último día soleado del mes antes que llegue el invierno. Será mejor que termine mi trabajo en el jardín.»

Entonces, tomas un día cortando el césped, y luego cuatro días más, y ¿adivina qué? Así es, miras a tu alrededor y te das cuenta que una vez más ha aterrizado tu avión.

Te das cuenta que sólo le quedan seis días al mes y si no haces que algo suceda rápido, vas a tener un fin de mes miserable en los negocios. Entonces, ¿qué haces?

Pones a funcionar de nuevo tus motores emocionales y mentales, y de nuevo rumbo a la pista para despegar de nuevo. Una vez más gastas todo lo que te queda de energía para lograr elevar a este avión de nuevo. Es muy posible que logres la meta mínima que te has establecido para ese mes, pero ¿cómo te sientes? Después de dos aterrizajes y de la energía extrema utilizada para los tres despegues estarás prácticamente agotado.

166

Muy probablemente pensarás, «Simplemente no sé si tengo lo necesario para triunfar en esto. Otras personas tal vez sean mejores para este tipo de trabajo, pero para mí esto requiere de demasiada energía y es muy estresante.»

Este es con frecuencia el momento en que una persona renunciará y se rendirá ante su visión por una vida mejor o un nivel más alto de libertad, y decidirá conformarse en un nivel más bajo y en una zona de comodidad en donde no requiere experimentar ningún crecimiento en absoluto.

La verdad es que cualquiera tiene lo que se necesita. Pero aun si tú o yo encontramos el nicho perfecto en el cual trabajar y si tenemos un equipo grandioso de soporte con nosotros, debemos mantener la «Ley del Movimiento Diario» trabajando en nuestro favor porque de otra manera tarde o temprano nos cansaremos y renunciaremos.

He aquí lo que llamo un «punto de cambio»: Un enunciado de verdad que causa un cambio en nuestras mentes y corazones. Punto de cambio: «La mayoría de la gente no paga el precio por llegar a su nivel más alto de éxito o libertad porque no lo desean.

La mayoría de la gente deja de trabajar para llegar a su siguiente nivel porque simplemente están tan mermados mental y emocionalmente como para tener la fe y la energía como para dar el siguiente paso. De modo que se rinden y renuncian antes de que se manifieste su siguiente nivel.»

Es maravilloso saber que tú y yo no tenemos que permitirnos esa clase de estado de debilidad mental y emocional. Podemos mantener nuestros niveles de principios diarios basados en la verdad y el propósito lo suficientemente altos al renovar nuestros pensamientos, y poner también la energía necesaria para hacer todos los contactos y hacer todo el trabajo que se necesita hacer mientras que mantenemos nuestro avión en el aire. Podemos hacer esto y mantener todavía mucha energía mental y emocional para invertirla en aquellos que necesitan de nuestro consejo.

El que seamos capaces de ser unos grandes líderes será determinado en gran medida por lo bien que seamos capaces de mantener nuestra base de poder sólida y fuerte.

Para liderar y aconsejar a los demás necesitamos quedarnos en un lugar en donde nuestro estado espiritual, mental y emocional sea mantenido con un nivel de fe y creencia lo suficientemente alto como para que seamos capaces de ayudar a aquellos que se acerquen a nosotros con su nivel de creencia en cero o por debajo de él.

Mientras mantenemos nuestro movimiento diario en forma adecuada es más fácil mantener nuestra resistencia personal lo suficientemente fuerte como para no estar ansiosos o preocupados tratando de hacer que las cosas salgan bien. Cuando sabemos que hemos pagado el precio para «pararnos más allá de esta línea, y hemos llegado más allá del punto de no retorno», entonces podemos compartir nuestra energía sabia y generosamente e invertir tiempo desarrollando otros líderes.

Desarrollar a un grupo de líderes es una de las claves más grandiosas para construir una gran visión, misión o negocio. He aquí un punto de cambio basado en un principio: «Si quieres construir una visión, misión o negocio **pequeño** entonces construye algo en que todo dependa de ti para que se hagan las cosas. Si quieres construir una **gran** visión, misión o negocio entonces debes desarrollar líderes que agregarán su fe y esfuerzos a los tuyos.»

Cuánto más alto vuelas, más fácil se tornará

He escuchado a la gente decir, «No me gustaría ser demasiado exitoso porque la vida se tornaría demasiado difícil». Si triunfamos al practicar los principios y leyes correctas, en realidad sucederá lo opuesto. Cuánto más exitoso seas y cuánto más alto vuelas, en realidad todo será más y más fácil para mantener e incrementar tu movimiento.

Iba en un vuelo hace algunos días, la turbulencia era bastante fuerte y los pilotos tuvieron que cambiar de altitud constantemente tratando de encontrar un lugar más tranquilo para volar. Finalmente, la voz de uno de los pilotos se escuchó por los parlantes diciéndonos que había ensayado volar a quince mil, doce mil y ocho mil pies, y que finalmente había tenido que descender y quedarse entre cinco y seis mil pies.

Estábamos volando sobre el agua y mientras lo hacíamos el piloto nos dio una lección de geografía acerca de las diferentes islas que podíamos ver abajo y agregó otra interesante información geográfica.

Después que aterrizamos yo estaba de pie en la parte de delante esperando salir y me encontré con los pilotos cuando salían de la cabina. Les pregunté, «¿Cuál de ustedes dos nos dio esa grandiosa lección de geografía mientras estábamos volando?» Uno de los dos pilotos dio un paso adelante y dijo, «Ese fui yo. No volamos tan bajo frecuentemente y fue divertido haber podido ver todo tan claramente.» Luego agregó, «Una de las razones principales por las cuales no volamos tan bajo es porque consumimos mucho más combustible que a grandes altitudes. El aire en las altitudes es mucho menos denso y ofrece menos resistencia al avión, pero cuánto más bajamos el aire es más denso y ofrece mayor resistencia haciendo que consumamos más combustible.»

Cuando lo escuché decir eso pensé, «Guau, eso es justo como ir a un nivel más alto de éxito». Si mantienes el avión de tu éxito a una baja altura será difícil mantener las cosas andando porque tendrás que quemar mucha energía y finalmente te sentirás demasiado agotado para continuar. Pero si mantienes tu avión de éxito volando a más y más altura, realmente será más y más fácil.

Dos maravillosos beneficios adicionales con los que serás bendecido mientras vuelas a grandes alturas de éxito son que podrás asociarte con otras personas que también estarán volando muy alto y que estarás evitando la nociva gente de vuelo bajo. La mayoría de gente drenadora de energía en la vida generalmente son aquellos que «vuelan bajo». De manera que un beneficio automático de «volar alto» es que estarás allá arriba con un grupo de personas que son muy inspiradoras.

Cualquiera que sea el precio que tengas que pagar para asegurarte todos los días que estás manteniendo tu avión muy alto, por sobre la negatividad de las masas de pensamiento común, te pagará enormes dividendos en la vida. Esto te permitirá vivir una vida más libre con un gran movimiento y menos estrés. ¡Volar alto es una hermosa forma de vivir y de hacer negocios!

CAPÍTULO 6

Mantén tu propósito en un nivel más alto que el nivel de los retos

Cuando hablamos acerca del «propósito» hay una tendencia a pensar selectivamente en gente como la Madre Teresa, Ghandi, Martin Luther King Jr., o cualquiera otro de grandes cualidades y logros de la historia. Podemos aceptar inmediatamente que ellos tenían un gran propósito en la vida, pero, ¿qué me dice de ti y de mí? Para que puedas mantenerte guiado por el propósito diariamente debes descubrir lo que llamo el «propósito personal».

La forma más clara y precisa de cristalizar tu «propósito personal» es encontrar las razones principales por las cuales debes llegar al siguiente nivel más alto. Tus razones son tu propósito. He podido ayudar a miles de personas a mantenerse guiados por el propósito a través de los años, y he descubierto que es mejor para los individuos identificar las cinco razones principales que los «guían» o «los emocionan» para llegar al siguiente nivel más alto.

¿Por qué cinco razones? Porque si por lo menos encontramos las cinco razones principales, por lo general alguna de esas será nuestra primera razón. Cuánto más profundamente indaguemos, más nos iluminaremos y descubriremos la real razón número uno, la cual está con frecuencia tan enterrada debajo de demasiados pensamientos negativos que hemos coleccionado a través de nuestras vidas que tal vez requiera de mucha búsqueda en nuestro interior para descubrirla.

Mucha gente ha desechado su más grande sueño en la vida como si fuera imposible de alcanzar, y su razón principal para obtener esa vida de ensueño es con frecuencia enterrada con su sueño.

Alguien dijo alguna vez, «La mayoría de la gente muere a la edad de veinticinco o treinta, pero no los entierran sino hasta que tienen setenta u ochenta».

De manera que aunque el más alto nivel de movimiento guiado por el propósito se presentará al saber cuál es tu razón número uno, es para tu beneficio encontrar las «cinco razones principales» por las cuales debes llegar a tu más alto nivel.

La palabra *debe* es clave en este proceso. No estamos hablando aquí acerca de encontrar cinco razones por las cuales sería simplemente *bueno* o *agradable* llegar al siguiente nivel más alto. Estamos buscando las cinco razones principales y más importantes, las razones que más nos cambiarán la vida, que no son opcionales y que son absolutamente necesarias para alcanzar la libertad total en cada área de nuestra vida espiritual, mental, financiera, de relaciones con los demás, etc.

Si conoces las verdaderas cinco razones principales por las cuales debes llegar hasta tu siguiente nivel más alto, y si has descubierto cómo mantenerte enfocado en esas cinco razones personales todos los días, serás capaz de mantener en alto tu nivel de propósito y cuánto más alto lo mantengas, menos influencia tendrás de los retos de la vida que puedan afectarte.

Si comparas tu nivel de propósito con tu nivel de retos en una escala de uno a diez, cualquiera que sea más alto determinará tu capacidad de recuperación.

Para ilustrar este punto, piensa primero en tu siguiente nivel más alto al cual quieres llegar en tu visión, tu negocio o tu misión en la vida. Ahora, trabajemos un ejemplo. Digamos que en la escala de uno a diez, el nivel de reto o dificultad se encuentra en cinco en donde te encuentras ahora mismo, y te despiertas una mañana con tu nivel de propósito, o en otras palabras, «tu habilidad para enfocarte en tus cinco razones principales» en un nivel de dos en la escala de uno a diez.

Permítame entonces hacerte una pregunta: ¿Si el nivel de reto o dificultad está en cinco y tu nivel de propósito está en dos, cómo te sentirás en ese día en particular acerca de sacar tu lista de personas y marcar el teléfono

UN DIA

Nivel de propósito	Nivel de dificultad
10	10
9	9
8	8
7	7
6	6
5	5
4	4
3	3
2	2
1	1

o establecer citas con ellos? Con un nivel de propósito en dos y un nivel de dificultad en cinco seguramente nadie querrá ni levantar el teléfono. De hecho, tal vez sólo queramos taparnos con la cobija hasta la cabeza para volver a dormir.

UN DIA

Nivel de propósito	Nivel de dificultad
10	10
9	9
8	8
7	7
6	6
5	5
4	4
3	3
2	2
1	1

Ahora, para otro ejemplo, digamos que te levantas otro día y tu nivel de propósito está en ocho y el nivel de dificultad está en cinco. ¿Cómo te sientes en este día para hacer llamadas telefónicas y para reunirte con la gente? Con un nivel de propósito de ocho o nueve y un nivel de dificultad de cinco, estarás «preparado y dispuesto», cargado y listo para comenzar. Seguro que podrás comenzar a marcar el teléfono con confianza y moverte con un carisma atractivo y positivo.

¿Cuál es la diferencia de un día al otro? ¿Acaso cambió el nivel de dificultad? No, el nivel de dificultad estaba en cinco para los dos casos. Lo único que cambió fue tu «nivel de propósito» o tu habilidad para enfocarte en las cinco razones principales.

Obviamente, estamos usando números en una escala de uno a diez, estrictamente como una forma de visualizar el nivel de dificultad y compararlo con nuestro nivel de propósito. Si tuviéramos un metro para medir nuestro nivel de propósito comparado con el nivel de dificultad, sería algo muy similar al proceso usado para revisar el nivel de poder que tiene la batería del auto como para arrancar el motor. Si dejamos de usar el auto por un buen tiempo la batería perderá su carga lentamente y cuando tratemos de arrancarlo no lo lograremos. Para solucionar el problema lo que generalmente hacemos es conectar la batería a un cargador hasta que recupere el nivel de potencia necesario.

Aun cuando no tenemos un aparato externo para medir nuestro nivel de propósito, sí tenemos un aparato interno. Puedes tener acceso a este aparato interno al hacerte una pregunta muy simple: «¿Hay hoy algún reto que pueda hacerme perder la fe y llevarme a renunciar a la búsqueda del siguiente nivel más alto de mi sueño y de mi propósito?»

Si desde lo más profundo de tu corazón la respuesta más honesta es, «Sí» entonces sabrás en ese momento que el nivel de tu propósito está más abajo que el nivel de dificultad. Si respondes a esa pregunta de corazón y la respuesta es un absoluto «No» entonces sabrás que tu nivel de propósito está más alto que cualquier reto que se te pueda presentar.

Otra forma de medir qué tan fuerte es tu nivel de propósito es revisar si estás emocional y mentalmente bajo la influencia de cualquier temor, sentimientos de inseguridad o de poco valor personal, etc. Si estás siendo afectado por estas influencias negativas entonces sabrás que tu nivel de propósito está demasiado bajo.

Cuando nuestro nivel de propósito está lo suficientemente alto, repelemos los temores, los sentimientos de poco valor personal, las inseguridades y cosas así, y rebotarán en nosotros como lo hacen las bolas de ping-pong en una mesa.

Obviamente no queremos crear retos o adversidades innecesariamente, pero si estudias la vida de las personas exitosas descubrirás que no triunfaron en sus vidas porque hubieran pasado mucho tiempo tratando de evitar los retos y la adversidad.

De hecho, aquellos que fueron muy exitosos con frecuencia enfrentaron grandes retos y adversidades, muchos más que las personas que se han conformado con una zona de comodidad en una existencia de bajo nivel.

Las personas que se convierten en famosas y exitosas lo hacen manteniendo un sueño y un propósito lo suficientemente grande y fuerte de modo que cualquier reto o adversidad se ve muy pequeña a su lado.

El nivel mínimo de dificultad estará determinado por cualquiera que sean los retos que debes superar para hacer de tu sueño y tu propósito una realidad; esto no es negociable.

Alguien tal vez dirá, «Quiero llegar a mi siguiente nivel más alto, pero quiero hacerlo sin tener que enfrentar ningún reto.» Bueno, eso sería muy agradable, pero no es la forma como funciona el éxito. Un avión no puede volar sin la resistencia del aire, y los retos en nuestra vida con frecuencia son los que hacen que crezcamos más fuertes y volemos más alto.

Las águilas presienten las tormentas antes que lleguen y saben cómo usar los primeros vientos a su favor. Cuando el águila siente que se está formando una tormenta simplemente extiende sus alas para remontarse sobre los primeros vientos que llegan y aprovechar el comienzo de la turbulencia; con esta técnica el águila se eleva más alto hasta donde brilla el sol.

Tú y yo tenemos que estar dispuestos a ver el nivel de dificultad de cinco o seis, o cualquiera que éste sea, y tenemos que decidir que estamos dispuestos a pagar el precio del reto y después simplemente avanzar con un fuerte sentido del propósito. Pensar que vamos a lograr algo de valor sin enfrentarnos a ningún reto o alguna forma de adversidad es sólo una forma de fantasía que debilita nuestra resistencia.

Si le das una mirada a alguien que ya ha logrado algo similar a lo que tú te propones lograr, podrás darte una buena idea de los retos a los que deberás estar dispuesto a superar si deseas llegar al mismo nivel al que ha llegado la persona.

Por supuesto que no tendrás que enfrentarte a los mismos retos a los que se enfrentó la persona, pero por lo menos tendrás una buena idea de cómo tienes que «evaluar el costo» y qué precio debes estar dispuesto a pagar.

Si puedes encontrar una ruta más fácil, sin comprometer ni tu sueño ni tu propósito, para llegar a un nivel más alto, entonces mucho mejor. Pero es mejor estar dispuesto a pagar un precio más alto del que en últimas pagarás y descubrir que fue menor, que tener que esforzarte más de lo que pensaste inicialmente.

Si has conducido tu auto por una determinada carretera, tal vez habrás notado, tal como yo, una casa que obviamente está a medio construir y que ha permanecido así por varios años. Cuando veo esto a veces me pregunto si la persona que comenzó la construcción de la casa tal vez subestimó el costo real para terminarla y por lo tanto no terminó el proyecto.

Cuando se trata de llegar al siguiente nivel de nuestro sueño y de nuestro propósito, un sabio constructor determina con anticipación que debe estar preparado para pagar un precio más alto del que inicialmente presupuestó como obvio.

Después que hemos determinado el mínimo y el máximo reto para poder llegar a nuestro siguiente nivel más alto, es mejor invertir nuestra energía en concentrarnos en la visión positiva de lo que deseamos, en vez de desperdiciar nuestra preciosa energía preocupándonos por las dificultades. Resuelve simplemente en tu corazón que estás dispuesto a enfrentar cualquier obstáculo que puedas encontrar y a seguir avanzando para ser proactivo con un sentido de urgencia, una actitud de gratitud y un corazón lleno de fe.

Algunas veces estar dispuesto a enfrentar los retos no significa que en realidad tendrás que pasar por ellos.

Por ejemplo, he estado en diferentes puntos de la vida en donde estaba listo a enfrentarme a grandes retos, y uno de mis mentores me ofreció un valioso consejo y me guió en una dirección que me ayudó a disolver el reto fácil y rápidamente, así como se derretiría el hielo en un horno microondas.

Una vez más, permíteme reiterar, tu habilidad para

enfocarte en las cinco razones principales de POR QUÉ DEBES llegar a tu siguiente nivel más alto serán iguales a tu nivel de propósito, y éste será igual a tu nivel de recuperación y resistencia.

Profundicemos un poco más aquí para dejar totalmente claro lo que significa encontrar las cinco razones principales. Estas no son generalmente las primeras cinco razones que se te vienen a la mente, tal vez necesitas ir a sentarte y mirar simplemente a la pared y pensar por algunas horas para finalmente encontrar las «cinco razones principales» que serán el propósito lo suficientemente fuerte como para guiarte a través de cualquier obstáculo o reto.

En un sentido práctico, encontrar estas cinco razones principales es lo que verdaderamente es estar guiado por el propósito.

Si conoces tu más grande POR QUÉ en la vida y POR QUÉ deseas alcanzar tu siguiente nivel más alto, entonces tendrás un espíritu de superación que te llevará a hacer lo QUE SEA necesario para obtener innumerables victorias en la vida y en los negocios.

Alguien se podrá preguntar, «¿Cómo sé si he encontrado mis CINCO RAZONES PRINCIPALES?»

La respuesta a esto es muy simple: «Si escribes tus cinco razones en un pedazo de papel, y cada vez que las mires, siempre, sin falta, te guían a la acción para hacer más llamadas telefónicas o cualquier otra actividad orientada a la acción que te haga avanzar, sabrás entonces que has encontrado tus CINCO RAZONES PRINCIPALES.

Pero si escribes cinco razones en un pedazo de papel, y cuando las lees no siempre te guían a la acción, entonces sabrás que todavía no las has encontrado. Las razones que has escrito tal vez sean cinco razones reales, pero no son las CINCO PRINCIPALES.

Las CINCO RAZONES PRINCIPALES nunca dejarán de guiarte a la acción. Si pasas tres horas sentado en un asiento simplemente pensando en ellas y finalmente las encuentras, entonces esas serían las tres horas más rentables que jamás habrás invertido.

Una vez más, recordemos que algunas de tus cinco razones principales tal vez se encuentren enterradas muy profundamente en tu interior por el paso de los años. No siempre es fácil encontrarlas, especialmente si se han ocultado o mezclado con pensamientos producto de tu charla interna negativa.

He aquí un proceso que puedes usar para encontrar o redescubrir tus cinco razones principales. Siéntate en tu escritorio o en la mesa con cinco hojas de papel.

En la medida en que visualizas el siguiente nivel más alto al que quieres llegar en tu vida o en tu negocio, comienza a escribir cada razón que se te venga a la mente acerca de porqué DEBES llegar a ese nivel. Simplemente permite que tu mente y tu corazón corran libremente. No te preocupes si alguna de las razones

183

parecen similares a algunas de las otras razones que ya has escrito, escribe esa razón de todos modos.

También, no hagas ningún esfuerzo para darles prioridad a las razones o pensar en ellas mientras las escribes en esta primera hoja de papel. En esta fase del proceso simplemente continúa escribiendo cuántas más razones puedes tan rápido como te sea posible hasta que sientes que se te agotaron.

Luego, mira tu lista de razones para ver si algunas de ellas te hacen pensar en algunas otras razones adicionales. Esas nuevas agrégalas al final de tu lista.

En este momento tal vez tengas una lista de ochenta, cien o tal vez más razones; algunas serán espirituales, familiares, financieras o relacionadas con el estilo de vida y con otros aspectos.

A continuación, coloca una hoja de papel en blanco al lado de la lista que acabas de crear. Lee tu primera lista de ochenta o más razones y escoge y escribe las cincuenta razones más importantes en la segunda hoja de papel.

Luego, lee tu lista de cincuenta razones y escoge las veinte razones más importantes de esa segunda lista y escríbelas en una tercera hoja de papel.

De la tercera lista escoge tus diez razones más importantes y escríbelas en la cuarta hoja de papel. Lee tu lista de la cuarta hoja y escoge las cinco razones más importantes y escríbelas en la quinta hoja de papel.

Estas **Cinco Razones Principales** que has seleccionado son invaluables y te pueden dar la inspiración que te llevará a cualquier altura a la que te propongas llegar. Estas Cinco Razones son la fuerza que te guían y te impulsan para superar una montaña de adversidades y para lograr toda la libertad personal, espiritual, relacional y financiera que puedes desear.

Tal vez habrás notado que dije que estas **Cinco Razones Principales** te pueden guiar e impulsar, no que te guiarán y te impulsarán. La razón por la cual uso la palabra «pueden» en cambio de afirmar que lo harán es que encontrar las **Cinco Razones Principales** es sólo el primer paso.

Si dejas olvidada esta lista de razones y nunca la vuelves a mirar, estas se desvanecerán en tu mente y es muy probable que, una vez más, sean enterradas bajo un montón de otros pensamientos.

Puedes quedarte en un lugar espiritual, mental y emocional, en donde te sea garantizado que estas **Cinco Razones Principales** siempre te guiarán y te impulsarán sin fallar.

Pero, qué tan consistente y poderosamente te inspirarán y te mantendrán guiado por el propósito dependerá de lo fuerte y continuo que te disciplines a ti mismo para enfocarte en ellas, para meditar sobre ellas y para mantenerlas presentes en tu mente y corazón todos los días.

En los negocios, estas **Cinco Razones Principales** pueden valer millones de dólares. En lo personal, la paz, la plenitud de las relaciones y las bendiciones familiares que puedes lograr son virtualmente invaluables.

De modo que aquí está el principio fundamental basado en la verdad con el cual podemos contar que funcionará siempre y en cualquier lugar: «Si puedes, todo el tiempo, mantener tu nivel de propósito más alto que tu nivel de dificultad, entonces siempre tendrás el poder del propósito que te guiará para superar los retos y para hacer lo que sea necesario para llegar al siguiente nivel más alto.» Literalmente te convertirás en una persona imparable.

Alguien tal vez dirá, «Bueno, si el nivel de dificultad es cinco lo único que tengo que hacer es mantener mi nivel de propósito en seis y estaré bien.» Técnicamente creo que esto es cierto, pero sería más seguro mantener tu nivel de propósito en ocho o nueve, de modo que si algo desagradable sucede ese día pueda bajar un par de puntos y todavía seas capaz de continuar avanzando. Si tu nivel de propósito está en seis y el nivel de reto o dificultad se encuentra en cinco, cuando suceda algo que te desanime, tal vez te desestabilice tanto que no seas capaz de enfocarte en un nivel de propósito más allá de tres o cuatro. Si esto sucede, lo más probable es que seas sacado del juego por un rato mientras recuperas el nivel de propósito de nuevo.

De manera que es mejor hacer un trabajo adicional al principio para asegurar que tu nivel de propósito esté sólidamente de tres a cuatro puntos por encima del nivel de reto o dificultad; esto te asegurará que serás capaz de triunfar sobre cualquier turbulencia o adversidad que tal vez pueda golpearte en cualquier momento.

Saber... que todas las cosas están trabajando juntas para tu bien

He estado usando números en los últimos párrafos para ilustrar la correlación entre tu nivel de propósito y el nivel de reto o dificultad. Pero lo que realmente se encuentra al nivel del corazón es tener un suficiente y fuerte «conocimiento» de que serás capaz de superar las dudas, temores, sentimientos de rechazo o cualquier otra influencia negativa que tal vez trate de atacarte.

Todos sabemos la diferencia entre un fuerte «sistema de inmunidad mental» y uno débil. Si nuestro «sistema de inmunidad mental» es fuerte, sabemos que cuando somos atacados por las flechas de los pensamientos negativos, la mayoría de estos impostores simplemente se disolverán en el éter positivo que nos rodea. La mayoría de esos pensamientos negativos ni siquiera harán contacto con nosotros, y aquellos que logren pasar nuestra barrera auditiva o visual no tendrán oportunidad de sobrevivir una vez se encuentren con los pensamientos basados en la verdad con los que ya hemos llenado nuestra mente y nuestros corazones.

Pero si nuestro sistema de inmunidad mental es débil,

los pensamientos negativos penetrarán nuestra mente y comenzarán a incubarse para surgir en el futuro y sembrar semillas de múltiples dudas, temores, fracasos y una percepción general pesimista de la vida.

No siempre podemos predecir todos los detalles exactos de cómo vamos a llegar al siguiente nivel más alto. Las reuniones, los eventos, la gente y otros factores exactos que contribuirán, tal vez no sean claros para nosotros de antemano. Pero aun cuando tal vez no seamos capaces de ver qué sucederá en los meses o años venideros, todavía podemos tener un fuerte y continuo «conocimiento» y saber que todas las cosas están trabajando juntas para nuestro bien.

Si no vemos muy lejos y tomamos cada cosa que pasa diariamente en forma aislada nos perderemos mucho de lo bueno de nuestro futuro.

Hace algunas semanas recibí una orden de una persona en Nigeria que me contactó a través de mi página en la Internet. Esta persona colocó una orden por doscientas copias de mi libro, *El poder del propósito*.

He debido notar que esta orden de Nigeria por doscientas copias era un poco extraña porque, primero que todo, la persona que ordenó los libros se saltó el proceso normal en la segura sección de libros de mi página y solamente hizo clic en el botón de «Contacte a Larry», el cual envió el mensaje directamente a mí y no a mi departamento de órdenes.

La segunda señal de advertencia de que debía haber hecho caso era que esta persona no solicitó ninguna clase de descuento y no preguntó acerca del costo de los fletes desde los Estados Unidos hasta Nigeria. Simplemente colocó su nombre y la dirección a donde tenían que ser enviados los libros, el número de su tarjeta de crédito y la fecha de expiración, y dijo que los libros debían ser enviados por UPS o Fedex en un envío recomendado y que se cargara el costo de los libros y los fletes a su tarjeta de crédito.

Por supuesto, otra señal de advertencia era que el flete más costoso había sido seleccionado.

Sin embargo pasé por alto estas señales, principalmente porque recibía muchas órdenes de libros de varios países alrededor del mundo de personas necesitándolos con urgencia para venderlos en algún evento a sólo unos pocos días, o de alguna organización que esperó hasta el último momento para ordenar mis libros para distribuirlos a sus miembros del programa del «Libro del Mes».

De modo que pasé esta orden como si fuera de cualquier otra persona que había esperado hasta el último momento para enviarla, y asumí que el costo no era ningún problema pero tener los libros era una prioridad.

Aun cuando esta persona no solicitó descuento no me pareció correcto cobrar el precio al detal, de modo que di instrucciones para que se le concediera el descuento normal para esa cantidad de libros. Investigamos el costo de enviar los libros a través de UPS—la cual es una de las más rápidas y costosas formas de envío disponibles. Mi oficina cargó entonces el total del costo de los libros más el flete a la tarjeta de crédito que se describía en el mensaje con la orden. El cargo de varios miles de dólares fue aceptado y recibimos un número de confirmación que aprobaba la transacción en nuestra máquina procesadora, la cual imprimió un recibo indicando que el dinero sería acreditado a la cuenta bancaria de la oficina.

Había algo de complicación en empacar los libros y llenar las formas de aduana necesarias para un envío internacional de este tipo, pero recuerdo que mi oficina logró despachar los libros a Nigeria ese mismo día.

Al día siguiente recibí una llamada telefónica del departamento de seguridad de la compañía de tarjetas de crédito que procesaba las transacciones para mi negocio. El señor que llamó me preguntó, «Señor DiAngi, ¿conoce al individuo que le dio el número de tarjeta de crédito **** **** **** **** por un cargo de varios miles de dólares el día de ayer?»

«No, no conozco a esa persona. La venta se dio a través de mi página de Internet.»

El hombre al otro lado de la línea dijo, «Bueno, lamento informarle que fue un cargo fraudulento. ¿Tiene el nombre y la dirección de la persona que colocó la orden con su compañía?»

Le dije, «Sí» y luego le di el nombre y la dirección en Nigeria a la cual se habían enviado los libros. La persona de seguridad me comentó que la información que le acababa de dar no coincidía con la tarjeta de crédito, y que de hecho, la tarjeta con ese número y día de expiración en realidad pertenecía a alguien con un nombre completamente diferente que vivía en los Estados Unidos.

La persona de seguridad luego me dijo que debía acreditar o devolver el dinero a esa tarjeta de crédito inmediatamente para evitar cargos adicionales y algunos otros problemas que eventualmente se presentarían. De modo que el personal de mi oficina procedió a reversar la operación a la persona dueña de la tarjeta.

Al principio pensé, «Bueno, supongo que acaban de robarme varios miles de dólares.» Llamé a UPS para ver si ellos podían detener el despacho de los libros, pero dijeron que ya habían salido de los Estados Unidos y estaban camino a su centro de distribución en Alemania desde donde saldrían los libros a Nigeria.

La señorita de servicio al cliente de UPS dijo, «Señor DiAngi, en este punto, no hay forma de evitar que los libros lleguen a Nigeria, pero si desea detener la entrega, tiene tres opciones. Puede ordenar que las cajas sean enviadas a otra dirección en Nigeria, puede pagar el flete de regreso que es de 903 dólares o puede abandonar los libros, lo cual significa que las cajas no serán despachadas y serán destruidas.»

191

Pensé por un segundo, y mi primera reacción fue la de pensar: «Bueno, no conozco a nadie más en Nigeria a quien pudiera enviar los libros, y preferiría destruir los libros antes que permitirle a esta persona deshonesta que trató de estafarme, salirse con la suya.» De modo que le dije a la señorita, «Quiero abandonar los libros.» Ella dijo, «Está bien, le enviaré por fax una forma que necesita firmar y regresármela también por fax para poder detener el despacho. Una vez que reciba la forma con su firma, entonces me pondré en contacto con el centro de distribución en Alemania para que marquen las cajas como abandonadas y procedan a destruirlas.»

Al cabo de unos pocos minutos la forma de UPS llegó por fax a mi oficina. Mientras miraba el documento, inmediatamente sentí en mi corazón que firmar la forma y hacer que destruyeran los libros no era lo correcto. Pensé, «Espera un momento, sé que estoy fluyendo con mi propósito hoy, por lo tanto tiene que haber una bendición escondida en alguna parte de esta aparentemente oscura situación. ¿Cuál es la posible ventaja aquí? Bueno, hay doscientos libros con un mensaje de esperanza y propósito camino a Nigeria, aún si esta persona fraudulenta los vende y obtiene algo de utilidad, doscientas personas recibirán un mensaje de esperanza y propósito, y ¿quién sabe cuantas vidas mejorarán como resultado de haber recibido este libro?»

Llamé entonces a la señorita de UPS y le dije que había cambiado de parecer y que deseaba que se entregaran los libros de acuerdo con la instrucción inicial. Ella dijo, «Está bien, dejaremos que el despacho siga su curso normal y sea entregado el próximo martes.»

Le conté a mi esposa, Julie, todo acerca de la orden fraudulenta y pensé varias veces ese día en cómo había sido de tonto al dejar que alguien tomara ventaja de mí de esa forma. Luego comencé a trabajar en mis pensamientos para tratar de concentrarme en la posibilidad de que varios de esos libros tal vez llegarían a las manos y al corazón de algunas personas que realmente los necesitaran en Nigeria.

Al principio, admitiré que me sentía un poco incómodo y tenía un fuerte resentimiento hacia el individuo que había colocado esa orden. El nombre que me habían dado era el de un hombre, pero como el número de la tarjeta de crédito era fraudulenta, me imaginé que el nombre podría ser también falso. También admitiré que fue difícil perdonar a esta persona que había jugado conmigo, pero finalmente lo hice, perdoné a esta persona quienquiera que fuera, la liberé y oré por la posibilidad de que también se beneficiara al leer mi libro.

La semana siguiente a la que recibí la orden fraudulenta, estaba viajando a Sudáfrica y luego a Australia para hablar diez veces en el transcurso de los siguientes dieciocho días.

Cuando me bajé del avión ese martes siguiente y estaba caminando hacia la sección de reclamo de equipajes para buscar mi maleta, revisé el buzón de mensajes de mi teléfono celular para ver si había recibido alguna llamada importante durante el vuelo de ocho horas hasta Ámsterdam y el otro de doce horas de Ámsterdam a Johannesburgo.

Uno de los mensajes era de la señorita de UPS; ella decía que habían intentado entregar los libros a la persona en Nigeria pero no había nadie con ese nombre que pudiera recibir los libros en esa dirección. Luego concluyó el mensaje con la pregunta, «¿Desea que le enviemos esas cajas de regreso o quiere abandonarlas y destruirlas?» Pensé, «Bueno, no quiero pagar 903 dólares para que envíen los libros de regreso a mi oficina, de modo que después de tantos inconvenientes creo que los libros tendrán que ser destruidos.»

Cuando recibí este mensaje, eran cerca de las 9:00 AM en Sudáfrica pero las 3:00 AM en los Estados Unidos, de modo que no podía llamar a la señorita de Servicio al Cliente de UPS en ese momento. Me ocupé rápidamente con mis compromisos en Sudáfrica y no tuve oportunidad de llamar a UPS hasta un par de días después, pero no estaba preocupado porque sabía que guardarían mis cajas hasta que supieran de mí.

Confesaré que en el momento en que recibí la noticia de que los libros serían destruidos, una vez más sentí resentimiento hacia la persona que había colocado la orden fraudulenta. Mis pensamientos exactos fueron: «Esa persona debe ser un idiota completo como para tomarse el tiempo de colocar una orden falsa por estos libros y luego ni siquiera estar presente en la dirección que colocaron en la orden. Esto es absurdo. Esta persona debe de ser muy malvada.»

Es como hablar de alguien que te ha rechazado... no sólo sentí que había sido rechazado, sino que sabía que además me habían estafado. Me pregunté, «¿Habría alguna razón específica por la cuál me escogió esta persona para cometer su crimen, o es que acaso sólo lo hizo para divertirse?»

Luego volví a mis «pensamientos correctos» y me di cuenta que no sólo me haría daño y me desanimaría si mantenía estos sentimientos de amargura hacia esa persona, sino que también haría corto circuito con mi fe atrayente y haría que se contaminara mi carisma. Las demás personas también sentirían que mi carisma no andaba bien y podría sabotear el bien que estaba tratando de manifestar, y posiblemente también ahuyentaría a la gente con la que estaría hablando ese día. No perdonar nunca no es una buena idea— sólo nos debilita. De hecho, la persona a la cual no perdonamos hasta puede estar esperando que nos sintamos estresados con lo que nos hicieron.

Una vez más, tuve que liberar los sentimientos de rechazo y resentimiento y obedecer la ley espiritual que dice: «Debemos bendecir a aquellos que nos ofenden». De modo que recé para que esta persona fuera bendecida.

Luego me forcé a mí mismo para dejar de pensar en esta persona y trabajé para reemplazar esos pensamientos con algo más positivo. Comencé a pensar en los principios basados en la verdad y continué con mi preparación para las siguientes presentaciones en las que estaría compartiendo con la gente en Sudáfrica.

Mientras estaba allí hablé en una conferencia ante cerca de mil personas. Los líderes que me habían invitado eran una pareja cuyos nombres son Charlie y Alta. Cuando terminé mi presentación bajé del escenario y me dirigí hacia una mesa dispuesta para firmar autógrafos en mis libros y discos compactos en la medida en que la gente los compraba. Después de un par de horas firmé el último de los libros de esa noche y me levanté del asiento para regresar al hotel.

Justo antes de irme, Charlie se acercó hasta la mesa y comenzamos a hablar. Durante el curso de esa conversación mencioné el tema de la orden fraudulenta por alguien de Nigeria. Charlie me miró y dijo inmediatamente, «Tengo a más de sesenta mil personas que son distribuidores en mi organización de negocios en Nigeria. Te compraré esos libros. Aquí esta mi tarjeta de crédito. Simplemente cóbrame lo que cuestan los libros y cárgalo a mi tarjeta, y yo te daré el nombre y la dirección de uno de mis distribuidores líder a donde puedes enviarlos.» Le agradecí a Charlie y pensé, «Guau, esto es sorprendente.»

Unas semanas después que regresé a los Estados Unidos recibí una llamada telefónica de Charlie, y dijo que a la gente en su organización de negocios en Nigeria le había encantado mi libro y que estarían ordenando muchos más adelante. Luego me dio los nombres de las personas que estarían colocando las órdenes para que supiera que eran las reales y no fraudulentas.

¡Guau, qué milagro! No sólo doscientas personas recibieron mis libros en Nigeria, sino que miles más lo estarían leyendo en el futuro. Charlie dijo también que tenía conferencias de negocios en Nigeria con más de seis mil personas asistiendo y que hablaría con sus líderes allí para ver cuándo podrían invitarme como orador.

Esta orden fraudulenta por Internet que inicialmente pensé que no sólo era un rechazo sino que además era una real bofetada y que al principio me hizo sentir estafado, ha abierto ahora la puerta para llegar a miles de personas con este mensaje de esperanza y propósito.

Recordé la historia de «José y su abrigo de diversos colores», cuando enfrentó a sus hermanos quienes habían tratado de matarlo y que luego lo vendieron como un esclavo, lo cual resultó en trece años de extrema adversidad, trabajos y hasta falsas acusaciones de violación que lo llevaron a la cárcel por un período de tiempo.

Luego, cuando finalmente llegó al siguiente nivel más alto de su sueño y de su propósito, el sueño premonitorio que había tenido trece años atrás se estaba materializando, y se sentó en el trono como líder y regidor encargado de la distribución de los alimentos durante la hambruna de siete años.

Después de trece años sus hermanos se le acercaron y le pidieron ayuda para alimentar a sus familias. En vez de tomar venganza contra ellos por la adversidad que le habían provocado por más de una década, les dijo, «Soy su hermano José a quien vendieron como esclavo». Mientras que sus hermanos «temblaban», José prosiguió con este asombroso enunciado, «No teman, que lo que quisieron hacer con su mal Dios lo ha convertido en bien.»

Sí, podemos saber que TODAS las cosas están trabajando juntas por nuestro bien, aun cuando las cosas parezcan lo opuesto, está sucediendo.

Esa situación, la cual al principio pensé que era un enorme rechazo y una gran violación contra mí de parte de alguien en Nigeria, ha «trabajado ahora para mi bien». Lo que al principio pensé que era «la maldición de Nigeria» se ha convertido ahora en «la bendición de Nigeria».

Gracias a ti, Dios, y gracias a ti, Charlie. Creo que Dios quería a mis libros en Nigeria, y que Él tiene tanto sentido del humor que hizo que uno de los servidores del demonio colocara la orden en mi página.

Mientras continúas con tu propósito, cosas similares pueden sucederte. Lo que al principio parece ser una maldición se convertirá en un evento sorprendentemente positivo. Mientras mantengamos nuestros pensamientos correctos y sigamos guiados por nuestro propósito diariamente, seremos como la crema que siempre sube a la superficie. No sólo la gente que nos rechaza nunca tendrá el poder de detenernos o hacernos bajar la velocidad, sino que, sin siquiera darnos cuenta, nos pueden ayudar al rechazarnos e impulsarnos más hacia delante.

CAPÍTULO 7

Proyecta un carisma atrayente

¿Por qué algunas personas tienen una cualidad magnética y positiva hasta el punto en que lo único que tienen que hacer es entrar en una habitación y decir algunas palabras para que toda la gente positiva concentre su atención en ellas?

Mientras hago esta pregunta, adivino que sólo tiene sentido examinar también la otra cara de la moneda y formular esta pregunta también. ¿Por qué otras personas parecen atraer lo negativo o aun a la gente abusiva y tienen una cualidad repelente que hace que la gente positiva quiera correr en la dirección opuesta después de algunos segundos de conversación?

La belleza física no es el principal factor en esta cualidad atrayente o repelente, tampoco el Coeficiente Intelectual, ni vestirse a la última moda. Mientras que estas y muchas otras cualidades deseables, físicas y mentales de una persona juegan una parte en atraer o repeler a las personas, estas solas son sólo accesorias.

Creo que es seguro para mí decir que todos hemos conocido a alguna persona físicamente atractiva y bien vestida que parece tener un intelecto por encima del promedio que no nos impresionó como para ser alguien con quien realmente quisiéramos hacer una amistad cercana.

Hay algo que no se detecta muy bien por nuestros cinco sentidos e inclusive sobrepasa el poder del intelecto. Esta cualidad que hace un gran impacto en la gente que conocemos es nuestro carisma. El carisma se proyecta y se percibe en nuestro corazón. En cada momento de cada día, tú y yo estamos o bien proyectando un carisma atractivo o uno repelente.

Así como tampoco podemos ver el viento pero sí podemos ver claramente sus efectos a nuestro alrededor, el carisma tiene esta misma realidad invisible. La clase de carisma que estamos proyectando determina si bien la gente se siente segura en nuestra presencia o insegura acerca de nuestras intenciones. Es un enorme factor en si la gente creerá que somos reales o si estamos fingiendo, y si deben confiar en nosotros o ser escépticos. Todas nuestras palabras y acciones están adornadas con la clase de carisma que proyectamos.

En un contexto específico de construir una visión, misión o negocio en donde estamos pidiéndole a la gente que se una con nosotros en la búsqueda de la libertad, hay algo que podemos hacer deliberadamente para asegurar que estamos proyectando el adecuado carisma positivo y atrayente en todo momento. Este «algo» que deliberadamente podemos hacer es lo que llamo «cruzar la línea e ir hasta el punto de no retorno.»

En los próximos párrafos voy a ilustrar cómo este principio fundamental de «cruzar la línea» te ayudará directamente a tener la suficiente capacidad de recuperación como para superar el rechazo, y para continuar acercándote aplicando las capas que expliqué anteriormente en este libro.

El acercamiento aplicando capas es algo en lo que muchas personas dejan de seguir hasta el final exitosamente porque son demasiado impacientes y desean la gratificación instantánea. Muchas personas pedirán algo sólo una vez, y si no lo obtienen inmediatamente, renunciarán a ello y se concentrarán en algo que será más fácil lograr.

Pero para construir una gran visión, misión o negocio debemos tener la suficiente capacidad de recuperación como para hablar con una persona, una y otra vez, y hacer las mismas preguntas una y otra vez para aplicar la suficiente cantidad de capas. Después de un período de tiempo alcanzaremos un lugar de mutuo respeto y estableceremos una fuerte conexión con algunos de estos individuos, lo suficiente como para ver cómo suceden algunos eventos positivos.

La capacidad de recuperación es una cualidad vital que debes poseer de modo que puedas seguir llamando a la gente una y otra vez y para continuar aplicando una capa después de la otra sin desanimarte. La mayoría de la gente se desanima si habla con una persona dos o tres veces sin obtener los resultados deseados. Si quieres lograr grandes cosas, desanimarte después de dos o tres llamadas telefónicas no te ayudará. Sólo los resultados mediocres o promedio pueden salir de este tipo de acercamiento.

Muchos seres humanos están trabajando en empleos que no les agrada o que inclusive odian sólo para ganar algo de dinero. Si odian o no les agrada su empleo, ¿por qué siguen trabajando en él por veinte o cuarenta años?

Una de las razones es que creen que la única manera en que lo lograrán en la vida es si trabajan para alguien más. Quienquiera que sea ese «alguien más» para quien están trabajando es probablemente una persona o grupo de personas que construyeron ese negocio y continúan haciéndolo al hacer muchas llamadas telefónicas, reuniéndose con muchísima gente y llamando a algunos de ellos una y otra vez para negociar y obtener más negocios.

Como resultado de esta estrategia proactiva sus empleados continuarán trabajando más para terminar la tarea asignada en la línea de ensamblaje o cualquiera que sea la clase de trabajo necesario para hacer que los productos o servicios lleguen a su destino final.

Aquellos que no están dispuestos a hacer las llamadas telefónicas y a reunirse con la gente para construir su propia visión o negocio, terminarán trabajando para alguien más que sí está dispuesto a hablar con muchos para encontrar unos pocos. En cambio de hacer de sus propios sueños una realidad, pasan sus vidas enteras trabajando en un empleo que no les agrada de modo que puedan hacer que los sueños de sus jefes se conviertan en realidad.

Si quieres alcanzar la grandeza y construir tu propia gran visión, misión o negocio, necesitas de antemano tomar algunas decisiones de calidad. Debes estar dispuesto a hacer todas las cosas que los demás no están dispuestos a hacer, si deseas obtener el éxito que los demás nunca obtendrán.

Alguien dijo una vez, «El éxito es una decisión», y sí, comienza con una decisión y después continúa con la consistencia diaria de seguir adelante con la decisión inicial.

Esta es una línea que cada uno de nosotros o bien decide cruzar y seguir más allá o decidimos evitarla y vivir nuestras vidas en alguna forma de zona de comodidad como existencia alternativa.

Yo llamo a esta línea divisoria, «El punto de no retorno».

Cruzar esta línea para ir más allá del punto de no retorno determinará el tipo específico de carisma que estamos proyectando diariamente, cada hora y cada minuto.

Así como un barco cruza el océano, llega a un punto en donde ya ha consumido demasiado combustible como para dar la vuelta y regresar a su origen, y debe entonces seguir hasta su destino. Así como un avión comienza a avanzar por la pista, llega a un punto en donde ya tiene tanta velocidad y ha recorrido tanto de la pista que no puede abortar su misión, y debe entonces despegar y volar.

Ciertamente una vez que esas ruedas se despegan del suelo y el avión ha salido del aeropuerto, la decisión de despegar o no hacerlo no se considera pues ahora es algo inminente. Es mejor que el avión vuele o de lo contrario, el piloto no puede darle reversa al avión y volar hacia atrás para posarlo de nuevo en tierra. Debe continuar volando hacia delante, y no hay más que hacer.

Cualquiera que sea el lado de la línea en donde estemos operando determinará la clase de carisma que estamos proyectando, y la clase de carisma que proyectamos determinará si la gente será atraída hacia nosotros o si será repelida. Cruzar la línea es simplemente el acto de comprometerte en un cien por ciento con tu visión y tu propósito.

En este punto alguien se podrá preguntar, «¿Cómo sé si estoy en el lado correcto o equivocado de la línea?»

Recuerda, la diferencia es que en el lado equivocado de la línea, antes que puedes tomar la decisión de calidad de ir más allá del punto de no retorno, la opción de renunciar todavía existe para ti.

Antes de cruzar esa línea todavía podemos adoptar el concepto de rendirnos, dar la vuelta y renunciar. Si las cosas se ponen difíciles, si un número suficiente de personas nos decepcionan, si enfrentamos retos financieros o la adversidad, etc., todavía podemos dejar una ruta de escape abierta de modo que podamos escabullirnos. Y podemos pasar el resto de nuestras vidas rodando alrededor del aeropuerto, pretendiendo que somos águilas en vez de gallinas.

Pero una vez que has cruzado la línea, renunciar no es más una opción. Renunciar no es una opción que se pueda encontrar—no existe en tu cabeza, ni en tu corazón, ni en las palabras que pronuncias... en ninguna parte... no se encuentra en ninguna parte de tu ser. Alguien que te hable acerca de rendirte sería como tener a alguien tratando de convencerte de que pongas tu mano sobre una hornilla para asar carne.

¡De ninguna manera!

De modo que, ¿qué tiene esto que ver con superar el rechazo? Realmente tiene todo que ver con eso. De hecho, si no hemos «cruzado la línea» y no nos hemos comprometido en un cien por ciento, en realidad estamos exponiéndonos a convertirnos en un imán que atrae al rechazo.

El lado de la línea en que nos encontremos determina la clase de carisma que estamos proyectando, y la clase de carisma que estamos proyectando en un momento dado tiene el más grande de los efectos en la persona con la que nos estamos comunicando, aun un efecto más fuerte que las palabras que estamos pronunciando.

Si podemos explicar nuestra visión, oportunidad de negocios o misión con una oratoria perfecta pero nuestro carisma es débil e inseguro porque estamos en el lado equivocado de la línea, en donde renunciar todavía es una opción, entonces no importa qué tan convincentes o claras puedan ser las palabras, existe una buena posibilidad de que la persona que nos está escuchando se abstendrá de aceptar nuestra propuesta y encontrará alguna clase de excusa para negarse a la oportunidad propuesta.

¿Por qué? Porque como acabo de mencionar, todas nuestras palabras y acciones están condimentadas con un tipo de carisma en particular que estamos proyectando al nivel del corazón en un momento dado.

Mientras una persona habla, bajo las palabras audibles que pronuncia siempre ocurre otro tipo de comunicación. Simultáneamente se da la transmisión de un carisma inaudible que se proyecta del corazón del que habla y que golpea a la persona que escucha también a nivel del corazón. Una persona puede aprender a fingir una cantidad de cosas en la vida. Un individuo puede aprender a hablar muy hábilmente, puede aprender también a hacer preguntas que conduzcan al cierre de una venta para manipular a las personas.

Hay muchas técnicas que podemos aprender para usar en un nivel superficial cuando estamos operando estrictamente fuera de nosotros mismos. O bien tenemos un «carisma en el lado equivocado de la línea» o uno en el «lado correcto» que proyectamos en cada momento de cada día.

Si renunciar y rendirnos todavía es una opción para nosotros entonces no importa qué tan convincentes o audibles son nuestras palabras. El carisma que proyectamos a nivel del corazón está comunicando la verdad muy claramente. No importa qué tan convincentes parezcan nuestras palabras, la gente que nos escucha todavía puede sentir la verdad— que nuestro nivel de compromiso no coincide con nuestras palabras. Ellos reciben la transmisión de nuestro débil carisma, el cual revela que hemos podido, y aún podremos, renunciar y rendirnos en cualquier momento.

Todos hemos tenido la experiencia de alguien tratando de vendernos algo—o quizás nuestra hija o hijo estaba tratando de explicarnos en dónde estaban la noche anterior—y después que escuchamos a esta persona hablándonos, la única forma de describir lo que estamos recibiendo a un nivel de carisma sería como decir, «Todo suena muy bien, pero simplemente no se siente bien».

Este es un ejemplo de una situación en la cual las palabras de alguien que habla no coinciden con el carisma que proyecta. Entonces, mientras nos comunicamos con otra persona, si las palabras que pronunciamos son «las correctas» pero nuestro carisma está «desfasado,» es muy probable que no recibamos la reacción que deseamos de esa persona, y sin saberlo hasta es posible que estemos haciendo que nos rechace.

Por otra parte, es un hecho que aun si no poseemos las mejores destrezas para la comunicación pero estamos comprometidos en un cien por ciento y hemos ido más allá del punto de no retorno—en donde renunciar ya no es una opción—la gente todavía se sentirá atraída hacia nosotros como si fuéramos un imán, y querrán unirse a nosotros simplemente porque sienten que el carisma que proyectamos es sólido como una roca.

De hecho, es frecuente el caso que aun cuando la persona que escucha no entiende totalmente todo el alcance del plan que estamos proponiendo, algunas veces, todavía decidirán unirse a nosotros a causa del carisma de confianza y compromiso que estamos transmitiendo.

La razón es que el carisma que proyectamos como personas comprometidas en un cien por ciento, transmite un mensaje más claro al nivel del corazón: Amigo, esta visión que le estoy explicando es «la verdadera» y estoy en esto para largo plazo. No voy a renunciar no importa lo que suceda. Si se une a mí en esta búsqueda, nunca tendrá que preguntarse sobre mi compromiso con usted y con su éxito. Seré su más grande apoyo; juntos haremos lo que sea necesario para ir de un nivel de libertad hasta otro, mucho más alto, y nada nos detendrá. Reiremos juntos, lloraremos juntos, pasaremos por días en los que las cosas serán grandiosas, y también pasaremos por días en los que las cosas parecerán ir muy mal. Y aun si en el proceso de ir a nuestro siguiente nivel más alto nos caemos, todavía nos aseguraremos que hemos avanzado cinco o seis pies hacia nuestros sueños. Si no tenemos las respuestas, encontraremos a un líder en un nivel más alto que las tenga, y vamos a averiguar cómo actuar, un paso a la vez. Estoy con usted en un cien por ciento durante todo el camino y no vamos a detenernos hasta que logremos total libertad en cada una de las áreas de nuestra vida.

Si esta es la clase de mensaje inaudible que está siendo transmitido al nivel del corazón a través de tu carisma mientras estás hablando, tendrás a muchas personas diciendo, «Sí, ¿en dónde firmo para unirme a usted en esto»? No necesariamente entienden por qué quieren unirse a ti, simplemente saben que tú eres una persona en la que pueden confiar. Se sienten seguros en tu presencia y saben que tú eres la clase de persona con la que desean estar.

He aquí un punto importante sobre el liderazgo: La mayoría de la gente no se unirá a nosotros en ninguna visión, misión o negocio al principio porque en realidad crean que van a ser un éxito en cualquier cosa que les propongamos.

También, la mayoría de la gente, cuando nos dicen sí no necesariamente están creyendo que nuestra oportunidad o propuesta específica en realidad funcionará para ellos. Tal vez crean que funcionará para ti, para mí o para otros que ya han probado que funciona, pero no necesariamente para ellos. De hecho, la autoestima de la mayoría de la gente ha sido tan lastimada y dañada a través de sus vidas, que para cuando llegamos a ellos con cualquier nueva oportunidad o idea, en realidad no están en una muy buena disposición mental o emocional como para creer que pueden triunfar mucho en algo.

Cuando la gente accede a unirse a ti y dicen, «Sí, inscríbame o regístreme» y «Quiero seguir adelante», la mayoría de las veces han dicho Sí por una razón principal... por la forma en que los ayudaste a sentirse mejor acerca de ellos mismos mientras estaban en tu presencia. El fondo del asunto en su decisión final para decir, «Sí» fue un pensamiento que fue creado en su mente y en su corazón en la medida en que fueron expuestos a tu carisma en «el lado correcto de la línea». En sus mentes y en sus corazones nació un deseo que creó este tipo de pensamiento, «Realmente se siente bien estar con esta persona, y deseo más de este buen sentimiento.»

No, en realidad no saben que triunfarán todavía, pero sí saben una cosa con toda seguridad—cuando están en tu presencia, siempre se sienten mejor porque tu propuesta de traer la libertad a sus vidas en realidad pueda ser posible para ellos.

A la gente tal vez le agrade estar alrededor de sus familias por muchas razones, pero cuando se trata del tema de libertad financiera puede ser deprimente porque la situación de sus familias les dice que no existe una forma de salir adelante financieramente, especialmente si están metidos en deudas extremas.

Trabajar para la gente tal vez sea una opresión porque la estrategia y la intención de muchos empleadores y gerentes es mantener a los empleados sintiéndose pequeños y fuera de equilibrio. A los empleadores con frecuencia les gusta mantener a su gente sintiendo que les han hecho el favor más grande de la vida al permitirles tener sus empleos, y si no se desempeñan alcanzando los estándares y expectativas de la compañía pueden ser despedidos y reemplazados por una de las miles de personas que están esperando para tomar sus empleos.

Este método de propaganda lo usan deliberadamente muchos empleadores y gerentes con el objetivo de mantener un total control sobre la gente que trabaja para ellos. No les agrada que la gente se sienta bien consigo misma porque si el trabajador se siente demasiado confiado, tal vez se despierte ante el hecho de que merecen mucho más de lo que ese empleo en particular tiene para ofrecer.

De modo que en el contexto de hacer dinero y tener libertad financiera, mucha gente se deprime cuando están con sus familias y tal vez están oprimidos en sus trabajos. Pero entonces, cuando están a tu alrededor, sienten que tal vez hay una esperanza de algunas grandes posibilidades en el futuro.

He aquí una buena pregunta para hacerte: «¿Si están oprimidos en sus trabajos y se deprimen cuando están con sus amigos y familiares, pero cuando están contigo sienten esperanza, con quién van a querer pasar más y más tiempo?» La respuesta es obvia: «CONTIGO.»

Un momento mágico

La magia se da cuando la gente con la que nos hemos estado comunicando ha tenido demasiada exposición a nuestro carisma positivo como para alcanzar la masa crítica en su proceso de decisión. Para algunas personas será la tercera o tal vez no les suceda sino hasta la decimocuarta vez, realmente tomará un número diferente de exposiciones dependiendo del tipo de persona.

Pero durante uno de esos momentos cuando estén en tu presencia, en la medida en que tú estás proyectando consistentemente el tipo correcto de carisma, alcanzarán la masa crítica, y adivina lo que pasará. Sí, es cierto, los individuos a los que les has estado proponiendo que trabajen contigo cruzarán la línea, y avanzarán más allá del punto de no retorno, y ahora ya tendrás a algunas personas grandiosas con las cuales puedes trabajar.

Cada persona que cruce la línea es un individuo al que puedes ayudar a desarrollar convirtiéndolo en un gran líder. Pero ¿qué es lo que hace que la mayoría de estas personas regresen para estar contigo una y otra vez hasta que cambian su manera de pensar y deciden cruzar esa línea?

Es simplemente porque tú eres una persona con la que se sienten bien. Continúan regresando a ti para obtener ese sentimiento de bienestar, esperanza y fe, el número de veces suficiente hasta que logran tener fe en su propio éxito y se ven a sí mismos valiosos como para alcanzar el siguiente nivel más alto.

Una de las cosas más grandiosas y poderosas que jamás ocurren en este planeta, es cuando una persona cree en otra, aun antes de que la otra persona crea en sí misma. Gracias a Dios por los grandes mentores que ven lo que es posible para nosotros y continúan trabajando con nosotros hasta que vemos esas posibilidades como nuestras.

CAPÍTULO 8

Habla con muchos para encontrar los otros que encontrarán a muchos

Me referí a este principio rápidamente en un capítulo anterior. Es una verdad tan importante que es vital que profundicemos un poco y le demos una mirada más de cerca para ver cómo esta ley de «Hablar con muchos para encontrar los pocos que encontrarán a muchos» funciona en la vida diaria y en los negocios.

Como probablemente ya lo habrás notado, parte de mi estilo al enseñar consiste en sembrar la semilla desde un principio y luego, más tarde, regresar con agua y fertilizar esa semilla para ayudarla a crecer. Bueno, eso es lo que estamos haciendo aquí con este principio basado en una ley. Si hablas con «muchos» para encontrar a los «pocos con los que estás destinado a trabajar», entonces «los pocos» que encontrarás, saldrán a encontrar a «muchos otros». Pero primero debes pagar el precio de «hablar con muchos».

Los grandes líderes son personas que se han comprometido en un cien por ciento con su visión, propósito y misión. Bien sea que la gente parezca aceptarlos o rechazarlos en cualquier momento dado, no tiene mucho efecto en su nivel de confianza y pasión por lo que creen en la profundidad de su corazón, y por lo que saben que es verdad.

Los grandes líderes saben que es un simple hecho de la realidad y siempre lo será, que hay diferentes clases de personas que siempre reaccionan en formas diferentes a la misma oportunidad o idea. Los grandes líderes no cuestionan su propia validez cuando la gente reacciona en formas diferentes. Los grandes líderes entienden que estas «reacciones diferentes» son generalmente un asunto que tiene que ver con «la mentalidad» de la persona que reacciona.

De hecho, los grandes líderes que han trabajado con muchas personas a través de los años han llegado a entender que la forma en la cual reaccionarán los diferentes tipos de personas ante una oportunidad o una idea cuando se les es presentada, es en realidad bastante impredecible. La gente que no es feliz con sus vidas, frecuentemente responderá con cierto grado de pesimismo. La gente que ama la vida y que es positiva acerca de sí misma y su familia, con frecuencia reaccionan de la forma opuesta.

Las personas que han crecido en familias en las cuales sus padres eran dueños de sus propios negocios pueden con frecuencia acoger la idea de convertirse en empresarios independientes, mientras que las personas que crecieron en familias en las cuales todos sus miembros siempre trabajaron para una compañía de alguien más, con frecuencia tienen algo más de dificultad en hacer el cambio mental para creer que en realidad pueden triunfar construyendo su propio negocio independiente.

Como lo mencioné anteriormente, la autoestima de muchas personas ha sido tan lastimada a través de los años que tienen un déficit de ella, y tienen que levantar la vista sólo para ver que están en el fondo. De modo que para cuando tú o yo nos reunimos con ellos para exponerles una idea que pueden usar para mejorar sus vidas, están en un nivel tan bajo de creencia que cuando les proponemos por primera vez una nueva idea no pueden verse a sí mismos como un éxito real en prácticamente nada.

Lo sorprendente es que cuando trabajamos con algunas de estas personas que tienen una baja autoestima y los ayudamos a adquirir una visión más grande de sí mismos y de las grandes posibilidades disponibles para sus vidas, pueden convertirse en súper estrellas que rompen todas las marcas y logran las cosas más tremendas.

Es una buena idea recordarte a ti mismo todas las mañanas, antes de comenzar tu día, tomar una decisión consciente de ver a cada individuo con el que te encuentres como la persona en que él o ella podría convertirse si se le proporcionara la guía adecuada.

En la vida diaria, mientras nos apuramos durante cada veinticuatro horas podemos tender a olvidar algunos de los principios de verdad más importantes. Aun cuando hacemos llamadas telefónicas, nos reunimos con la gente y hacemos el trabajo para construir nuestra visión, podemos autosabotear el trabajo que hacemos si no vivimos conscientemente la vida con el siguiente principio de liderazgo: «Visualice a la gente como a la persona en la que se puede convertir en cambio de hacerlo como parecen ser durante nuestro primer encuentro con ellos».

Para poder ver debajo de la superficie y ver el potencial interior de una persona, debemos ser líderes que operamos con una fuerte fe, y para operar con una fe fuerte se requiere que tengamos un alto nivel de pensamientos, más alto que las masas de personas de pensamiento común.

Para poder aferrarnos a una visión que va más allá de lo superficial debemos tener fe para saber que cada persona fue creada para manifestar grandeza. El potencial más obvio que nos revela una persona es generalmente la punta del iceberg. Tener esta clase de fe para ver el potencial que no es obvio requerirá que alimentemos nuestra fe todos los días.

Esta habilidad de «ver a las personas como en lo que se pueden convertir en cambio de hacerlo como parecen ser a primera vista» requiere una diaria y continua repetición, revisión y refuerzo de nuestra parte al «meditar sobre la verdad».

Mientras pasemos cada día y cada noche meditando en los principios basados en ésta, desarrollaremos un sentido intuitivo de aquello que es verdad y aquello que no lo es. Esto es muy importante porque este mundo está lleno de verdades a medias, decepciones y mentiras que han sido aceptadas por las masas como una verdad absoluta.

Si queremos encontrar la verdad acerca de otro ser humano siempre tendremos que usar nuestro sentido de intuición para ver quién es en realidad esa persona, en vez de dejarnos influir por las apariencias externas.

Un líder verdaderamente experimentado está buscando siempre el oro escondido en el individuo con el que está trabajando y comunicando. Así como es posible que tú y yo conozcamos a una persona vestida informalmente y no nos demos cuenta que él o ella es en realidad alguien que tiene un patrimonio neto de cien millones de dólares, también es posible que tú o yo conozcamos a alguien que no demuestre inmediatamente que él o ella tiene un gran deseo de aprender, crecer y triunfar. La punta del iceberg puede ser tan sólo un pequeño porcentaje de la masa total que existe por debajo de la superficie del agua. Y también es lo mismo con lo que es visible de la mayoría de las personas.

Hay un principio espiritual fundamental que nos indica «no juzgar basado en las apariencias». (Juan 7.14) Seré el primero en admitir que para poder aplicar este principio en relación con el liderazgo se necesita de mucha meditación, lectura, aprender de un buen mentor, escuchar música que ayude a levantar el espíritu y recibir continuamente inspiración de muchas fuentes diferentes.

Sí, hay algunas personas que no parecen tener todas las características del éxito, y aun así tienen un profundo deseo de ir hasta el siguiente nivel más alto en la vida. Mientras que invertimos nuestro tiempo y energía en ayudar a algunas de estas personas tal vez tengamos que ayudarlas a desatascarse y a superar inseguridades, sentimientos de poco valor, temores y dudas.

No siempre es fácil ayudar a una persona a construir su fe hasta que pueda ver la imagen correcta de la persona confiada y exitosa en la que se puede convertir. Pero si tenemos el corazón de un verdadero líder compasivo, recordaremos el momento en nuestras vidas cuando necesitábamos un mentor que creyera en nosotros antes de que lo hiciéramos nosotros mismos.

También hemos visto el siguiente principio de liderazgo en algunos párrafos anteriores, pero «reguemos y fertilicemos» ahora esta verdad y démosle una mirada desde otro ángulo.

Al principio, cuando la gente te dice sí, en ese primer instante esa persona está de acuerdo con unirse a ti en cualquiera que sea la visión, oportunidad o misión que le estás presentando. La mayoría de las personas no se te estarán uniendo porque crean que en realidad pueden ser exitosas o porque realmente crean que lo que les estás proponiendo funcionará para ellos. Recuerda este hecho: La razón principal por la cual muchas personas se te unirán es simplemente por la forma en que las ayudaste a sentirse bien consigo mismas cuando estaban en tu presencia. Su deseo de unirse y convertirse en parte de tu visión nació de la realidad de sentirse mejor cuando estaban contigo que cuando estaban con otras personas.

Está bien, démosle una mirada más de cerca a la clase de personas que estamos buscando. Al construir una misión, visión o negocio estamos buscando gente que nos permita ayudarlos a cambiar hacia una visión más grande para sus vidas. Cualquier persona puede hacer el cambio de sentirse infeliz a sentirse feliz o de no creer que pueda tener su propio negocio a creer que sí pueden.

De hecho, la gente cambia de positivo a negativo y de negativo a positivo todos los días. La posibilidad de cambiar está disponible para todos, pero no todos necesariamente querrán cambiar a lo positivo o verse a sí mismos como la clase de personas que pueden dar el salto hacia su siguiente nivel más alto; algunos lo harán y otros no.

Entonces, para ser un gran líder también tenemos que ser unos grandiosos y talentosos exploradores. Una de las cualidades más grandiosas que una persona puede tener es la voluntad para aprender. Siempre tenemos que estar buscando gente que sea enseñable y dispuesta a permitirnos guiarlas como sus mentores.

Cuando tenemos la alternativa de guiar a una persona que parece tener menos experiencia y menos talentos visibles pero que está muy dispuesta y es enseñable, comparada con una persona que parece tener más experiencia y más talentos pero se resiste a recibir nuestras enseñanzas y entrenamiento, siempre es más sabio escoger trabajar con una persona con un espíritu de disposición y aprendizaje.

Es mucho más fácil y mucho menos estresante ayudar a que un individuo adquiera más experiencia y que incremente su nivel de talento, que invertir nuestro tiempo y esfuerzo en una persona aparentemente más talentosa que se va a resistir a nuestros esfuerzos para ayudarla.

Debido a que tenemos tiempo y energía limitados para invertir en las personas, algunas veces también tenemos que escoger entre trabajar con una persona que ha demostrado ser leal a nosotros, y guiar a una persona que parece tener más ventajas pero que tiene una lealtad cuestionable. En este caso siempre es mejor invertir nuestro tiempo y energía en la persona con el más alto nivel de lealtad. Una falta de lealtad es un profundo defecto de carácter que es muy difícil de corregir. Una persona con falta de lealtad e integridad tarde o temprano terminará traicionando tu confianza.

Cada persona es diferente y ha pasado toda su vida alimentándose de una dieta básica de pensamientos positivos o negativos para convertirse en la clase de individuo que son cuando los conocemos por primera vez. Los grandes líderes entienden este hecho muy claramente.

Por lo tanto, saben que si hablan con diez personas diferentes probablemente van a obtener diez reacciones únicas y diferentes. Aun si sólo son diferencias sutiles de una persona a otra, un gran líder sabe cómo distinguir la más pequeña de las diferencias en la personalidad de una persona específica y el más pequeño de los signos de fortaleza, seguridad, inseguridad, nerviosismo, paz, creencia, duda, deshonestidad y así muchas otras cosas.

Como los grandes líderes son conscientes de estas diferencias de una persona a otra, ya no lo toman en forma personal cuando alguien parece rechazarlos. Un gran líder sabe que la forma en que una persona reacciona es simplemente la forma predecible en que ese tipo de persona siempre reacciona ante una idea o posibilidad de alguna clase específica.

No podemos hacer nada acerca de dónde se encuentran las personas en su mente y en su corazón cuando los conocemos por primera vez. Pero si nos lo permiten, podemos ayudarlos a cambiar su forma de pensar de modo que puedan llegar al siguiente nivel más alto de libertad, espiritualidad, en sus relaciones, en su mentalidad, sus emociones, sus finanzas y en cualquier otra área de sus vidas.

Un líder experimentado sabe que hay cierto tipo de personas que pueden ver inmediatamente la «gran imagen», y luego están otras personas que no pueden ver nada a no ser que les ponga la imagen contra la nariz.

Los grandes líderes entienden que las únicas personas que se van a relacionar con una visión más grande son los individuos que le han permitido a la vida prepararlos para algo más grande y mejor que sus circunstancias actuales. Algunas personas mejoran y otras se amargan, y los grandes líderes saben que las personas amargadas probablemente serán las personas que digan «no». Los grandes líderes ven esto como algo normal porque realmente no necesitan a una persona amargada en su equipo de todas maneras.

Si mantenemos nuestros corazones y nuestras mentes con buenas intenciones, llenos con la verdad acerca de Dios quién nos creó para ser y el gran propósito que tenemos para cumplir en esta tierra, entonces no necesitamos buscar a otras personas que confirmen nuestro valor personal.

Mientras nos mantenemos libres de necesitar a alguien que confirme nuestro valor, también estaremos lejos de la posibilidad de ser dañados emocionalmente cuando la gente no reaccione positivamente ante nosotros o nuestras ideas.

Cuánto más nos mantengamos enfocados en nuestro propósito menos efecto tendrán en nosotros las personas de «pensamiento pequeño».

Estoy seguro que si has estado en una posición de liderazgo por algún tiempo, has presentado una oportunidad a la gente y les has expuesto un sistema que sabes que funcionará para ellos sólo si ellos «trabajan con él».

También estoy seguro que mientras hiciste esto hubo ciertas personas que lo miraron y actuaron como si les estuvieras hablando en un idioma totalmente extraño para ellos. Algunas personas no desean un plan que les requerirá de acción consistente diariamente. Aun si los pasos que estás compartiendo con ellos son muy simples, algunos están siempre buscando la «forma fácil» de triunfar. Bueno, tú y yo sabemos que no existe una forma fácil para alcanzar el éxito.

No quiero parecer descortés cuando digo esto, pero la verdad es que algunas personas son perezosas y creen que se merecen privilegios especiales sin tener que trabajar o pagar ninguna clase de precio para obtener una mejor vida. La mentalidad de «lotería» le ha hecho mucho daño a la percepción de la gente a través de los años. La gente ve una valla al borde de la carretera que anuncia que si compran un billete de la lotería se podrán ganar un millón de dólares, y de alguna manera piensan que están destinados a ganarse ese dinero. Van hasta la tienda de la esquina y compran el billete por algunos dólares y esperan que más tarde ese mismo día, mientras estén sentados en su asiento preferido viendo las noticias de la noche en la televisión, descubran que han escogido el número ganador y que son ricos.

En realidad creen que porque gastaron uno, dos o cinco dólares en un billete de lotería, merecen ser recompensados con millones de dólares. El pensamiento de trabajar basados en un plan todos los días para construir riqueza les es repulsivo.

Es también sorprendente que muchas personas que gastarán diez o hasta cincuenta dólares en comprar billetes de lotería nunca pensarán en gastar la misma cantidad de dinero en comprar libros o programas de discos compactos para mejorar sus vidas.

La verdad es que muchas personas pasarán cuarenta o cincuenta horas a la semana trabajando en un empleo que odian y se quejarán porque no están ganando lo suficiente, pero no están dispuestos ni a trabajar diez horas a la semana en un proyecto que les proporcionará la libertad financiera, a ellos y a sus familias. Nuevamente, no es mi intención ser descortés cuando digo esto, pero estas no son la clase de personas con las cuales deseo estar trabajando en mi equipo para construir una visión o negocio.

De manera que mientras estamos proponiendo una oportunidad para el éxito a la gente, debemos ser conscientes que algunas veces una reacción que puede presentarse como un rechazo de una persona, en realidad tal vez sea el resultado del hecho que estaba esperando que los ayudáramos a encontrar el «camino de losas amarillas» que los lleva hasta el mago que mágica e instantáneamente hace que sus sueños se conviertan en realidad.

Este tipo de persona se decepcionará cuando, en cambio de ofrecerles ese camino les presentemos una visión o un negocio con el cual se podrían apasionar lo suficiente como para trabajar día y noche para triunfar. Ellos habrían preferido que les hubiéramos dado la «píldora mágica» que les hubiera garantizado una vida de ensueño de riqueza y privilegios.

Esta mentalidad de «obtener todo a cambio de nada» nubla la mente de las personas y distorsiona su pensamiento. Aun cuando parece algo loco, es posible que mientras estés proponiendo una idea o una oportunidad a personas que tienen una forma de pensar distorsionada sobre el éxito, piensen instantáneamente que son más expertos que ti en lo que les estás proponiendo.

Podrás saber que el sistema y el plan que les estás presentando han funcionado para ti y para cientos de otras personas que han comenzado antes que tú y que han producido grandes resultados y grandes éxitos. Aun cuando sabes que estas personas no están menospreciando el valor y la importancia de los pasos que les estás explicando, es sorprendente encontrar que por alguna razón creen que tienen el sistema que funcionará aún mejor que el tuyo, y no abandonarán la posición de saber mucho más que tú.

Algunas veces, lo único que puedes hacer con personas como ésta es dejarlas hablar y ensayar «su sistema» de modo que no puedan afectar a otras personas en tu grupo. Con frecuencia no pasa mucho tiempo en el que o bien desaparecen o regresan a ti con la cola entre las piernas, muy humildes, diciendo algo como esto: «¿Podría explicarme, por favor, su sistema de negocios una vez más? Creo que tal vez no entendí algo la primera vez y el sistema que ensayé no funcionó muy bien.» Ahora finalmente son enseñables y están listos para aprender.

Construyendo una red con unas fuertes bases de liderazgo

Construir una red de personas que trabajarán contigo con una visión enfocada en cualquier búsqueda es muy importante—estando solos podemos lograr sólo una cantidad limitada.

Por ejemplo, si quieres construir un negocio pequeño puedes construir uno que dependa completamente de tu esfuerzo individual, y puedes disfrutar teniendo un negocio con un ingreso limitado.

Pero si deseas construir un negocio enorme entonces tendrás que desarrollar líderes que trabajarán contigo en un esfuerzo de colaboración. Esta es una ley del éxito que no puede ser ignorada. Si desarrollamos líderes fuertes, se convertirán en la gente de primera línea que se unirán a nosotros en la construcción de una visión, misión, búsqueda o negocio.

De las muchas personas que vendrán y se retirarán mientras avanzamos, debemos ser capaces de discernir con cuáles individuos debemos pasar más de nuestro tiempo trabajando y a cuáles debemos dedicarles menos tiempo para guiarlos. Sería muy agradable si todos los que decidieran unirse a nosotros se comprometieran en un cien por ciento con la visión y comenzaran realmente a hacer que las cosas sucedieran, pero la verdad, la gente comprometida en un «cien por ciento» es sin duda bastante rara.

Es muy liberador estar conscientes consistentemente de la verdad que la mayoría de la gente no está en un lugar en la vida en donde puedan creer que pueden llegar a ser un éxito. Podemos desear que todos los que conozcamos estén preparados y listos para bendiciones grandiosas en sus vidas, pero sin un suelo fértil las semillas de bendiciones que les ofrecemos no podrán echar raíces y crecer.

Por esta razón debemos ser cuidadosos de no decepcionarnos cuando descubrimos que muchas de las personas que inicialmente se unieron a nosotros, no serán capaces de seguir hasta el final con los compromisos que hicieron.

Mencioné el siguiente principio basado en la verdad anteriormente en un contexto diferente, pero démosle ahora una mirada más de cerca a esta ley en el contexto de construir una red de líderes.

Al construir cualquier visión en la cual estamos reclutando gente para que se nos unan, debemos hablar con muchos para encontrar los pocos. Al hablar con muchos para encontrar los pocos, creo que estamos simplemente en un «proceso de selección». Estamos seleccionando entre muchas personas para encontrar unas pocas con las que estamos destinados a estar durante todo el camino.

De hecho, creo que desde la «perspectiva del destino» estamos buscando a las personas que aun antes de formarnos en el vientre de nuestra madre y antes de que ellos se formaran en el vientre de sus madres, estábamos predestinados y propuestos a encontrar, y ellos a nosotros, de modo que pudiéramos trabajar juntos por una visión y una causa común.

Ahora, debo admitir que no siempre me gusta esta ley de tener que «hablar con muchos para encontrar los pocos». Desearía poder encontrar «los pocos» sin tener que hablar con «muchos».

Preferiría que las siguientes diez personas más significativas en mi vida y en los negocios simplemente me llamaran por teléfono, y pudiéramos reunirnos en un restaurante y sentarnos los once y comenzar a discutir todas las cosas grandiosas que planeamos hacer y los grandes sueños que vamos a convertir en realidad.

Pero la verdad es que no va a ser tan fácil. Tal vez necesitarás marcar el teléfono mil veces, dejar muchos mensajes y tener muchas, muchas reuniones antes que puedas encontrar las siguientes diez personas más significativas en tu vida y en los negocios.

Realmente no importa si a ti o a mí nos gusta la ley

de «hablar con muchos para encontrar los pocos». Todavía es la forma como funciona el éxito cuando estamos buscando atraer a otras personas para que se unan a nuestra visión, misión o negocio... y funcionará hasta el punto en que trabajemos con ella.

Nuevamente, algo maravilloso para recordar acerca de esta ley es que si trabajas con ella el tiempo suficiente, descubrirás que después que has hablado con el número suficiente de personas para encontrar los pocos, «los pocos» que habrás encontrado procederán luego a salir a encontrar «los muchos».

A pesar de que seamos determinados y discernimos sobre cuáles serán las personas en las que les invertiremos más de nuestro tiempo y de nuestro esfuerzo para ayudarlas a desarrollar y convertirse en fuertes líderes, todavía existe la posibilidad de que sintamos rechazo de parte de ellos.

Tal vez se sientan entusiasmados al principio pero luego podrán comenzar a elevar sus defensas o comenzar a evitarnos una vez que ven el compromiso y el trabajo que será necesario para llegar al siguiente nivel más alto en la construcción de la visión.

Ayuda saber cómo categorizar a la gente de manera que podamos tratar con cada individuo de una forma en que sea la más efectiva en el contexto de sus pensamientos y sistema de creencia. En la medida en que reconozcamos en dónde se encuentran las diferentes personas en sus niveles de compromiso con la visión colectiva, podemos ver claramente quién merece más de nuestra guía personal.

El mismo principio que se aplica en un sentido más general cuando estamos proponiendo por primera vez una oportunidad o visión a una persona es aun más importante desde el punto de vista de desarrollar líderes fuertes. Para mantener la fuerza mental y emocional para nutrir a aquellos que serán «la crema que suba a la superficie» en liderazgo, la cosa más sabia que debe hacerse es «trabajar con los que estén dispuestos» y no dejar que «aquellos que no lo están» drenen nuestra energía. La gente que se queda, lista y dispuesta, será una fuente constante de ánimo para ti aun en los momentos más difíciles.

CAPÍTULO 9

Aprende a identificar las cinco clases de personas

Mientras compartimos ideas, nuestra visión, una oportunidad de negocios o misión con los demás, los individuos que nos dicen sí y están de acuerdo en unirse a nosotros se encuentran en una de las siguientes cinco categorías diferentes:

1.- Gente que no es enseñable

Estas son personas que o bien se rehúsan a que les enseñen o son incapaces de recibir nuestra guía y consejos. La lista de razones por las cuales los individuos se convierten en personas a las cuales no se les puede enseñar es casi interminable. Puede ser que a causa de sus inseguridades no pueden volverse vulnerables ante nadie, y por lo tanto, temen que al abrir sus mentes para recibir enseñanza también estén exponiendo lo que perciben como sus defectos o debilidades personales.

Puede ser que hayan sido lastimados por otros que los han manipulado, por lo que han desarrollado una barrera protectora a su alrededor que es impenetrable. También puede ser que todavía no han llegado a un lugar en donde son lo suficientemente humildes como para permitir que alguien les enseñe.

Las personas que han sido de alguna manera exitosas en otras áreas de la vida tal vez piensen que «lo saben todo», y no se dan cuenta que para comenzar algo nuevo necesitarán estar abiertos a un nuevo acercamiento o estrategia.

La clase de familias en donde la gente crece también puede influir en que una persona no sea enseñable. Las personas que crecieron en familias en donde les enseñaron con el ejemplo a ser escépticas acerca de todo y de todos, pueden tener mucha más dificultad en confiar en alguien que está tratando de guiarlas.

Por supuesto, todas estas razones y muchas más que podríamos mencionar se presentan como resultado de algún tipo de inseguridad, y a veces, no existe una forma simple y rápida para ayudar a una persona a convertirse en alguien enseñable. Podemos permitir que estas personas sean parte de las actividades o reuniones de nuestro grupo en la medida en que no comiencen a influir en los demás con su actitud de personas no enseñables.

Con frecuencia, las personas no enseñables no permanecen cerca por mucho tiempo como para en realidad causar problemas. He descubierto que muchas personas no enseñables se desvanecerán rápidamente y tomarán distancia porque comienzan a sentirse un poco fuera de lugar cuando se encuentran en compañía de personas enseñables y de mente abierta.

En la medida en que estas personas continúen siendo no enseñables no es sabio darles mucho de nuestro tiempo en reuniones individuales. Si les estás pagando un salario a personas no enseñables es obviamente una buena idea retirarlos de sus posiciones tan pronto como sea posible. Si la compensación o las recompensas que reciben están todas basadas en su producción y tú no tienes que pagar o recompensarlos a no ser que produzcan resultados, entonces, a veces, es una buena idea dejarlos cerca para ver cómo se desarrollan.

Si alguna vez comienzas a notar que están teniendo un efecto negativo en otras personas en el grupo, tendrás que confrontarlos. Con un acercamiento sin emociones puedes hacerles saber que están ejerciendo un efecto negativo en los demás, y si no quieren trabajar en unidad con la visión o negocio que estás construyendo entonces será mejor para todos si buscan otro grupo o negocio en el cual encajen mejor.

Antes de pasar al otro tipo de personas debo enfatizar

aquí que sólo porque una persona comienza a trabajar contigo y se clasifica en la categoría de «no enseñable» no significa que siempre serán así.

No es raro que una persona no enseñable experimente un cambio que haga que el individuo gradualmente—o aún de repente, se convierta en una persona muy enseñable.

Por ejemplo: Estás ayudando a las personas a desarrollar una oportunidad de negocios en las noches y ellas tienen un empleo durante el día, pero un día llegaran a perderlo y de repente se encuentran sin ninguna fuente de ingreso, podrían convertirse en personas enseñables muy rápidamente. Pueden desarrollar un sincero deseo de aprender la forma más rápida de sobresalir en la oportunidad que les has dado cuando se enfrentan al hecho de que su supervivencia depende de comenzar a mover las cosas lo más rápidamente posible.

Casi instantáneamente la gente que se enfrenta con este tipo de «llamada despertadora» en la vida, se vuelve muy humilde, lista para ser enseñada y dispuesta a avanzar y a tomar acción masiva.

2.- Gente montaña rusa

Estoy seguro de que tienes una buena idea de cómo es la gente montaña rusa. Mientras seguimos operando en una posición de liderazgo veremos muchas personas de este tipo. Están emocionadas y listas un minuto, y al siguiente minuto o al día siguiente están desanimadas y deprimidas, sin querer mover un dedo debido a que se sienten muy mal. Son los que «comienzan y se detienen» y «comienzan y se detienen» de nuevo.

Podemos ayudar a muchas de estas personas a despegar su avión en el aire y a mantenerlo allí si son lo suficientemente humildes y enseñables como para dejarnos hacerlo. Una persona montaña rusa bien puede comenzar a volar a una gran altura, por sobre los árboles e inclusive sobre montañas, o bien pueden estrellarse y quemarse y hasta es posible que no volvamos a saber de ellos.

En gran medida nuestra habilidad para ayudar a gente montaña rusa depende de sí podemos ayudarlos a comenzar a soñar en grande y a guiarse por el propósito, lo suficiente como para superar su tendencia a continuamente perder el impulso. Una existencia de «arriba abajo» y de «comenzar y detenerse» es muy extenuante, de modo que es de vital importancia para nosotros ayudarlos a eliminar este patrón de operación en sus vidas y en sus negocios.

Estas personas con frecuencia tienen dificultades para mantenerse enfocados en «por qué» están haciendo el trabajo que es necesario para lograr lo que desean alcanzar.

Por lo tanto es importante que no sólo los ayudemos a encontrar las cinco razones más importantes de por qué deben llegar al siguiente nivel más alto, sino que también necesitaremos revisar regularmente que todavía estén enfocados en éstas. Si los podemos ayudar a encontrar algún logro o reconocimiento familiar, personal o financiero, o las razones profesionales y las metas que son de vital importancia para ellos, y si los podemos hacer enfocar en su propósito y no en sus problemas, es sorprendente ver cómo este sólo ajuste en su perspectiva puede hacer que levanten el vuelo como un cohete. Si permiten que los ayudemos, la gente que comienza como una «montaña rusa» se pueden convertir realmente en personas que logran lo que se proponen.

3.- Las personas incubadoras

Las personas incubadoras pueden ser un poco difíciles de entender. Inicialmente dicen «Sí» y tienen la suficiente visión como para ver las posibilidades, las cuales los animan a unirse a nosotros en la búsqueda de un nivel más alto en la vida y en los negocios, pero luego parece que entraran en una especie de coma. Casi deseamos colocar nuestra mano en su muñeca para ver si todavía tienen pulso o un espejo bajo su nariz para ver si todavía están respirando. Están como en un huevo y no están listos para salir todavía.

Estas personas con frecuencia están sentadas en las reuniones en la última fila, y cuando mira su nivel de actividad tal vez hasta se pregunte por qué se molestaron en venir a la reunión. Al principio no hay forma de saber con seguridad qué harán, en qué se convertirán y en qué no.

Finalmente podrían salir de su cascarón y convertirse en líderes, o podrían simplemente seguir sentados allí sin hacer mayor cosa. Nuestra responsabilidad como líderes no es tratar de forzarlos a salir. Así como la madre águila se sienta en sus huevos y le da a cada huevo el ambiente adecuado para incubarlo, debemos también darles a estas personas incubadoras la oportunidad de salir de su cascarón en la calidez de nuestra visión, nuestro compromiso, nuestra creencia y nuestro positivo y atractivo carisma.

Nuevamente, debo decir que una de las cosas más interesantes acerca de las «personas incubadoras» es que la mayoría del tiempo es imposible saber correctamente en qué terminarán. Nuestro mundo está lleno de historias de personas que tuvieron un período de incubación de semanas, meses o aún años, pero una vez que rompieron el cascarón se convirtieron en una de las más grandes superestrellas de todos los tiempos.

4.- Caminadores
Los caminadores son personas lentas y estables. Ellos se unen a la visión y se comprometen con su propósito, y luego hacen algo todos los días para avanzar un poco.

Si miras la cantidad de los resultados que producen en un día tal vez no parezca muy impresionante. Pero si miras el volumen de los resultados que han producido en un período de un mes, seis meses o un año, entonces realmente sí es algo que hace una diferencia notoriamente positiva y que puede llegar a ser bastante sustancial.

Algunas personas tal vez nunca se entusiasmen tanto

acerca de romper todas las marcas o ser el número uno en logros, pero no te equivoques con esto: estas personas lentas y estables pueden ser poderosas si continúan avanzando por un período de tiempo lo suficientemente largo.

Todos los días están creando algo de movimiento adicional, y en un período de tiempo de meses y años pueden ser como la pequeña corriente de agua que con el tiempo encuentra su camino a través de una montaña completa y se convierte en un gran río estruendoso. Una de las razones por las cuales estos caminadores pueden producir un «río estruendoso» de resultados es el movimiento colectivo y acumulativo que han creado, que además hace que atraigan a la gente para que se les una, lo que los puede llevar a convertirse en uno de los productores más grandes de tu organización.

Otra razón por la cual un caminador consistente y estable puede convertirse en alguien muy poderoso es que, primero, la producción de cada día se va añadiendo a la productividad del día anterior, pero cuando han construido una base lo suficientemente fuerte desde la cual trabajar, sus esfuerzos ya no se añaden sino que la extensa base que han construido durante el tiempo hace que cambien de movimiento que adiciona, a movimiento que multiplica.

Las pirámides fueron construidas por equipos de personas que trabajaron juntas para cortar y colocar cierto número de rocas al día, y ahora ellas dominan los cielos de Egipto por varias millas en cualquier dirección. Mientras los caminadores estables avanzan consistente y persistentemente, también pueden llevarlo a otras personas que son sorprendentes en sus logros, personas que tienen la postura y el carisma para convertirse en líderes de equipo.

Por supuesto sabemos que es verdad que mientras construimos cualquier visión o negocio hay un crecimiento que inicialmente proviene de la gente que conocemos o nos encontramos personalmente, pero frecuentemente, el gran crecimiento proviene de la gente que ellos conocen y la gente que esa segunda línea de gente nos lleva a otros que hasta opacan a esas dos primeras clases de personas. Este tipo de personas caminadoras son un factor importante para establecer unas bases fuertes en cualquier visión que estés construyendo.

Con frecuencia no es la gente que puede correr los cien metros planos los que hacen la gran diferencia. Muchas personas que corren los cien metros planos en tiempo récord simplemente se retiran en una carrera larga. Es la gente con consistencia continua diaria que mantiene sus pensamientos positivos y que está actuando continuamente para hacer la más grande de las diferencias en el tiempo.

5.- Corredores
Los corredores son definitivamente una raza rara. Ellos se unen a la visión y luego todo lo que tú ves es un rastro de polvo, fuego y humo. Se mueven con un tremendo sentido de urgencia y crean los grandes resultados muy

rápido. Podría ser un poco humilde de parte nuestra admitirlo, pero la verdad acerca de estos corredores es que se podrían convertir en personas muy exitosas con o sin nuestra ayuda o liderazgo.

Estos son con frecuencia la clase de personas que son enseñables porque saben que es para su bien aprender en la forma más rápida posible cómo llegar del punto A al punto B, y no están dispuestos a perder tiempo ni energía reinventando la rueda. Si no les enseñamos lo más rápido que podamos, es posible que busquen a alguien más que les enseñará y nos ignorarán si nos quedamos quietos.

Tú podrías tomar a uno de estos corredores y dejarlo sólo en medio de un cultivo de maíz con una banda de caucho, un clip y un lápiz, y aun así se las arreglarían para generar un millón de dólares.

Encontrar un corredor con un espíritu enseñable es realmente algo maravilloso. Al principio tal vez necesitemos pasar con ellos una cantidad de tiempo considerable guiándolos y aconsejándolos de modo que puedan volar alto y derecho, pero no es raro para estos corredores terminar no sólo volando por sí mismos sino también con una cantidad de personas guiadas por el propósito volando detrás de ellos.

¿Cinco estrategias diferentes o una sola cosa importante?

Alguien se podrá preguntar, «¿Acaso necesito

desarrollar cinco estrategias totalmente diferentes para trabajar con estas cinco clases diferentes de personas?»

A pesar de que sin duda tendremos que tratar con personas diferentes dependiendo en cuál de estas cinco categorías se ubiquen, no creo que debamos preocuparnos con cada detalle de cómo debemos cambiar nuestro acercamiento de una persona a otra.

Si mantenemos «una sola cosa importante» en forma correcta acerca de nosotros, proyectaremos un carisma que cubrirá las necesidades de todas las cinco clases de personas diferentes. Esta «una sola cosa» es asegurarnos de mantener nuestro nivel de compromiso con nuestra visión al cien por ciento todo el tiempo.

Mencioné anteriormente que si mantenemos nuestras mentes renovadas con los pensamientos adecuados diariamente, seremos capaces de mantenernos al otro lado de la línea y más allá del punto de no retorno con un cien por ciento de compromiso con nuestra visión. Esto hará que mantengamos la clase correcta de carisma fluyendo de nosotros desde el corazón. Este «carisma» no sólo le mostrará a la gente que estamos comprometidos en un cien por ciento con la visión que estamos compartiendo con ellas, sino que también ayudará a la gente a sentirse mejor y más confiada consigo misma cuando está en nuestra presencia.

Por supuesto, para mantenerse en el lado correcto de la línea todos los días necesitaremos mantener las «cinco razones de por qué» identificadas, y nuestra visión basada en el propósito vívidamente clara en nuestras mentes y en nuestro corazón.

Si mantenemos la clase correcta de carisma fluyendo de nosotros, todas las cinco clases diferentes de personas recibirán el mensaje correcto de nosotros con relación al sitio en donde se encuentran en ese preciso momento de sus vidas.

Los «no enseñables» sabrán que pueden permanecer a nuestro alrededor en la medida en que no se conviertan en una carga que nos impida avanzar, y también sabrán del carisma de compromiso que perciben viniendo de nosotros, que es inaceptable influir en otras personas con cualquier pensamiento negativo que puedan tener como parte de su sistema de creencia. Los «no enseñables» también sabrán en dónde se encuentra la puerta y si realmente no desean estar involucrados en un movimiento positivo que avanza, tarde o temprano tendrá sentido que se retiren.

La gente «montaña rusa» recibirá el mensaje del carisma que proyectamos al nivel del corazón que dice que no subiremos con ellos porque nos drenaría nuestra energía. Pero ellos también saben que si alguna vez deciden bajarse de esa montaña rusa y «meterse en el juego», estamos listos a jugar con ellos en cualquier momento y darles nuestro apoyo y nuestro compromiso del cien por ciento todo el tiempo.

La gente «incubadora» recibirá de nuestro carisma el calor necesario para que pueda continuar incubándose, y quién sabe si un día tal vez finalmente rompan el cascarón y se conviertan en «corredores» sorprendiendo a todos a su alrededor.

Los «caminadores» obtendrán lo que necesitan para seguir caminando y sabrán que son una parte valiosa del equipo.

Los «corredores» se inspirarán con nuestro carisma para seguir corriendo.

Todas estas cinco clases de personas obtendrán de nosotros exactamente lo que necesitan si sólo nos mantenemos en el lugar correcto: «cruzando la línea», comprometidos un cien por ciento con la visión, en donde renunciar no es una opción y en donde mantener nuestra mente renovada con principios basados en la verdad es nuestra prioridad todos los días.

Si mantenemos nuestros pensamientos correctos y nuestro corazón en el lugar adecuado, las personas a las cuales nos hemos «propuesto» guiar serán animadas y recibirán de nosotros la más alta calidad de liderazgo y pasión guiada por el propósito que les dará la inspiración para llegar al siguiente nivel más alto en lo personal, y tendrán también una visión colectiva y el deseo de ayudar a todo el equipo a avanzar para alcanzar victorias ilimitadas.

CAPÍTULO 10

Sabe que sólo se necesitan unas pocas personas para lograr grandes cosas

Un líder sabio entiende que si tiene pocas personas realmente comprometidas con una visión, puede mover montañas, y si unas pocas personas realmente creen que lograrán grandes cosas, entonces «todas las cosas son posibles para aquellos que creen de verdad». (Marcos 9.23) Aun si sólo dos o tres personas están totalmente de acuerdo con el logro de una causa que vale la pena y podría cambiar sus vidas, su sinergia producirá un poder creativo increíble.

Un error de juicio que algunos individuos cometen cuando comienzan a compartir su visión, oportunidad de negocios o misión, es que lo hacen con la fantasía de encontrar el círculo interior de gente que los lanzará al éxito masivo en las primeras diez o veinte personas con las que hablan. Si las primeras diez o veinte personas no se emocionan y no se comprometen en un cien por ciento, muchos se desaniman y renuncian.

De hecho, los verdaderos grandes líderes saben que siempre es un selecto grupo de personas de muchos contactos, los responsables por lograr las cosas más grandiosas en cualquier grupo o negocio.

Wilfredo Pareto era un economista Italiano que vivió en la segunda mitad de 1800 hasta los primeros años de 1900. Se le atribuye el descubrimiento de lo que se ha conocido como «El Principio de Pareto» o la «Regla 80/20.»

Varios estudios han sido llevados a cabo en el mundo por individuos, así como por organizaciones y negocios, y aun cuando al comienzo este principio fue considerado sólo una teoría, sorprendentemente, en promedio, se ha comprobado que esta «Regla 80/20» es bastante acertada en casi todas las áreas de la vida.

Por ejemplo:

- El 80% de los resultados que deseas serán producidos por el 20% de tus esfuerzos, y el 20% restante de los resultados que deseas vendrán del restante 80% de tus esfuerzos.

- El 80% del dinero que ganamos es el resultado del

20% de nuestra actividad relacionada con el trabajo. El otro 80% del tiempo y esfuerzo que usamos en el llamado «trabajo» generalmente produce cerca del 20% de nuestro ingreso financiero. Por supuesto que lo más inteligente es identificar exactamente cuál de nuestras actividades y esfuerzos constituyen ese 20% que está produciendo nuestros mejores resultados y luego hacer más de lo que sea que es.

• En una organización, negocio, o cualquier otro grupo que está trabajando para alcanzar un objetivo común, el 80% del trabajo productivo y de la utilidad financiera será creada por el 20% de las personas. El 20% restante de trabajo productivo y resultados financieros será aportado por el restante 80% de las personas.

• En promedio, en cualquier organización o negocio, los mejores del 20% de las personas ganan el 80% del dinero, y el otro 20% del dinero ganado se reparte entre las demás personas que conforman el 80%. Los mejores del 20% de las personas están generando el 80% de la productividad, de modo que se llevan el 80% de las recompensas. Lo que es aun más dramático es que cuando los mejores del 20% de las personas son examinadas en cualquier organización o negocio, la «Regla 80/20» todavía se aplica.

Ejemplo:

• Entre los mejores del 20% de las personas en

cualquier organización o negocio, el 80% de la productividad y utilidad son creadas como resultado del 20% de ese 20%, lo que es igual a los mejores que constituyen el 4% del total de personas involucradas. ¡Cuatro de cien no es malo!

Pongamos lo anterior en su forma más simple. Si hay cien personas en una organización, negocio o cualquier grupo que está trabajando por una meta común:

- El 80% de la utilidad será producida por las mejores 20 personas.

- El 80% de la utilidad y productividad dentro de las mejores 20 personas será producido por el 20% de esos 20 mejores, es decir, las mejores 4 personas.

La simple verdad es que si tú o yo tenemos cien personas que se han unido a nuestra visión, misión, idea o negocio, en promedio tendremos:

- 4 personas que son corredores.

- 16 personas que son caminadores.

- 80 personas que estarán en las categorías de no enseñables, montaña rusa o incubadores.

Si tienes 4 de cada 100 que son corredores y 16 caminadores, entonces estás listo para el éxito masivo. Aun si tu visión o negocio no parece estar produciendo resultados masivos al principio, si puedes mantener a tus 4 corredores y a tus 16 caminadores en su lugar, guiados por el propósito y avanzando el suficiente número de días seguidos, estás garantizado, que en promedio y en tu círculo de influencia crearás suficiente movimiento como para convertirte en una de las personas más exitosas en tu campo.

Una vez más, la verdad nos libera

Una de las cosas más poderosas acerca de tener conocimiento de esta «Regla 80/20» es que no sentiremos más que estamos siendo «rechazados» por el 80% de la gente con la que trabajamos en cualquier búsqueda. Entendemos que esta es simplemente «la forma en que es».

El 80% está haciendo simplemente lo que siempre hacen, y esto es, o bien producir muy poco o nada en absoluto. Por supuesto que todavía agradecemos el 20% de la utilidad que proviene de los esfuerzos del 80%, pero estamos completamente conscientes que la fuerza y longevidad de la organización está siendo sustentada por los corredores y los caminadores.

Simplemente conocer la verdad acerca de esto nos liberará y nos animará en cambio de decepcionarnos.

La persona promedio con un 87% de charla negativa se desanimaría y renunciaría si llegara a trabajar con 100 personas y sólo 4 estén desempeñándose en forma grandiosa.

Recuerda, el 87% de la charla interna diaria de la persona promedio es negativa, y la persona promedio tiene entre 40.000 y 50.000 pensamientos por día.

Si tú o yo fuéramos a salir a la calle a hacer una encuesta, y le hiciéramos a estas personas con un 87% de charla negativa esta pregunta: «Si fuera usted el líder de 100 personas en un negocio y 4 de ellas estuvieran desempeñándose en forma grandiosa, 16 de ellos estuvieran bien y 80 personas estuvieran haciendo muy poco o tal vez nada del todo, ¿se consideraría un líder exitoso o se consideraría un fracaso?»

¿Cuál crees tú que sería la respuesta de estas personas? Así es, la persona promedio diría, «Si sólo 4 de 100 estuvieran desempeñándose en forma grandiosa me sentiría un fracaso».

La razón principal por la cual la mayoría de la gente se sentiría como un fracaso en esta situación es que no conocen la verdad o la «forma en que realmente es».

Si conocemos la verdad y tenemos a 4 corredores trabajando con nosotros estaremos emocionados. ¿Por qué?

Porque sabemos que hay muchas, muchas, muchas compañías multimillonarias que sólo tienen 3 o 4 personas en las mejores posiciones de liderazgo quienes realmente son los que están conduciendo a la compañía hacia el éxito. Si los 4 mejores no estuvieran presentes en su lugar de liderazgo, entonces los 16 caminadores probablemente dejarían de caminar, el 80% de la gente desaparecería y no quedaría nada.

De modo que si tienes 1 de 25 o 4 de 100 que están realmente de tu lado y haciendo que sucedan las cosas, entonces TÚ ESTAS LISTO PARA EL ÉXITO MASIVO.

Solamente continúa construyendo y generando movimiento consistentemente con el 4% y el 16%, y no podrás perder. Es solamente cuestión de tiempo hasta que veas tus esfuerzos recompensados de una forma muy abundante.

CAPÍTULO 11

Descubre la clave principal para nunca quedar corto en el logro de tu meta

Cualquiera que sea la cantidad mínima de resultados o volumen de negocios que necesitas para hacer de tu visión o negocio algo exitoso, mantén tres veces esa cantidad de acción en llamadas telefónicas, reuniones y negocios potenciales en movimiento. Habla con la suficiente cantidad de personas cada día o semana como para que aun si dos de tres dicen, «No» y nunca quieren hablar más contigo, todavía puedes estar bien con él que te respondió más positivamente.

Les Brown me enseñó un principio a través de su entrenamiento y con su ejemplo: es el principio HCLG/HCMG—Hable Con La Gente, y si eso no funciona, entonces Hable Con Más Gente. El tamaño de tu círculo de influencia determinará, en gran medida, el tamaño de tu visión manifiesta con respecto a la construcción de tu sueño o negocio; el tamaño de tu círculo de influencia también puede ser un factor importante en el tamaño de tu cuenta bancaria.

Si quieres convertirte en una persona financieramente libre, pero no estás dispuesto a conducir o volar algunas horas para conocer gente nueva, entonces probablemente no alcanzarás tu más alto nivel de potencial. En casi todos los negocios, visión o misión, existe un círculo de influencia local, regional, nacional e internacional, y una oportunidad de crecimiento y expansión.

Cuánto más móviles estemos dispuestos a ser, más grandiosa será la gama de posibilidades que podamos maximizar. Con la ventaja del Internet y del uso generalizado de los computadores ha llegado la oportunidad para que cualquiera pueda expandirse en todo el globo.

Años atrás solía viajar sólo en los Estados Unidos, pero en años recientes—como ya he desarrollado mi sitio en la red, recibo invitaciones para hablar en conferencias, recibo mensajes electrónicos y órdenes de compra para mis libros, cintas y discos compactos de casi todos los países del mundo. Estoy agradecido también con muchos grandes líderes que han distribuido mis libros y programas de audio en sus organizaciones en más de cincuenta países alrededor del mundo.

Verdaderamente estamos viviendo en una época sorprendente de la historia. ¡Todavía me asombra que puedo sentarme enfrente de mi computador, escribir un mensaje electrónico, y en unos pocos segundos ese mismo mensaje aparece de repente en la pantalla de un computador en Australia!

La red mundial es una herramienta sorprendente que casi cualquiera puede usar para turbocargar su visión o negocio. Sin embargo, debo decir que con todas las ventajas que provee la Internet, debemos ser cuidadosos en no depender demasiado en la conveniencia de enviar mensajes electrónicos a la gente en vez de llamarlos por teléfono. No importa qué tan útiles puedan ser las herramientas de los mensajes electrónicos o los sitios en la red, nunca reemplazarán la necesidad del contacto persona a persona con la gente.

Hacer las llamadas telefónicas, reunirse con la gente, guiar a los demás y ser guiado por un líder en quien confiamos plenamente, son todos aspectos irremplazables en la construcción de una fuerte visión. No importa qué tan sofisticada sea la tecnología a que tengamos acceso, esos métodos impersonales nunca reemplazarán lo que siente la gente cuando escuchan nuestra voz o estrechan nuestra mano.

La Internet, el correo electrónico y los computadores deberían ser usados sólo como herramientas secundarias. Nuestra principal herramienta para construir relaciones será siempre el contacto personal, por teléfono o cara a cara.

Mientras mantenemos nuestras relaciones con la gente clave y prioritaria en nuestras vidas, podemos usar la Internet efectivamente como una herramienta secundaria que nos da acceso a todo el mundo como nada puede hacerlo. La habilidad para expandir nuestra visión o negocio mundialmente es ahora más accesible que nunca antes.

Con esta habilidad para expandir tu visión más ampliamente de lo que probablemente era posible en el pasado, viene la necesidad de subirte al auto o en un avión y viajar distancias más grandes que las que solían viajar las personas años atrás.

Adicionalmente a hablar en muchas conferencias, eventos y haber promovido públicamente talleres exclusivos a través de los Estados Unidos, también fui invitado a hablar en otros siete países lo cual requería que viajara una distancia de cinco a diez mil millas por compromiso.

Si me hubieran dicho hace veinte años que estaría viajando largas distancias como estas en forma frecuente tal vez no lo hubiera creído.

A primera vista, uno puede ver esta clase de viajes como un estilo de vida muy glamoroso, pero en realidad es trabajo muy duro. A pesar de todos los viajes en auto, en avión, las estadías en los hoteles, empacar y desempacar, todo valió el esfuerzo. Las recompensas ganadas al estar dispuesto a salir de la zona de comodidad para estar disponible para moverme a donde me necesitaran, han sido más grandes que el esfuerzo invertido en los viajes.

Uno de los beneficios adicionales al expandirte fuera de tu ciudad, tu región o tu país y tener finalmente una visión para expandirte mundialmente es la ventaja de conocer gente que te puede ayudar a ganar sabiduría, conocer secretos e ideas que tal vez no estén tan disponibles para ti en el sitio en donde vives.

Una de las cosas buenas que viene con la acumulación de muchas millas de viajero frecuente cada año es que las aerolíneas te acomodarán en primera clase en casi todos los vuelos que tomes. ¡Una ventaja de sentarse en primera clase es que se llega a conocer a gente muy interesante y exitosa! He recibido muchas enseñanzas e inspiración mientras he hablado con algunas de estas personas en la parte delantera del avión.

En un viaje de Las Vegas a Detroit el gerente nacional de ventas de una de las mejores compañías de aspiradoras me dijo que los representantes de ventas en su compañía, siempre, sin excepción, hacían una venta de 3.000 a 4.000 dólares por cada tres personas a las que les demostraban el producto de la compañía, y la comisión que ganaba era de un 50%.

Me dijo que su producto es tan grandioso que «aún la gente que no hace una buena presentación» todavía vende a una de cada tres personas.»

Pensé «Ummm, aun si hicieran tres presentaciones al

día y sólo vendieran un producto por día, eso todavía es un ingreso de 1.500 a 2.000 dólares por día, y eso es muy buen dinero.»

Le pregunté al gerente, «¿Con ventas de uno de cada tres, su gente debe ganar muchísimo dinero?»

Él dijo, «Sí, algunos de mis representantes ganan miles de dólares al día, pero la mayoría de ellos sólo hacen una o dos ventas por mes.»

«¿Por qué?» le pregunté.

El respondió, «Porque, para poder encontrar tres personas que les permitan a mis representantes de ventas compartir su presentación con ellos, deben en promedio haber hecho sesenta viajes a sesenta casas diferentes antes de encontrar una persona que esté dispuesta a permitir que entren a su casa para que les hagan la demostración y para escuchar los argumentos de venta».

No existe un atajo para evitar la necesidad de tomar acción masiva y expandir su círculo de influencia. A veces la gente tal vez le diga a alguien que ha alcanzado cosas grandiosas o que ha sido una bendición para muchas personas, «Debe de ser maravilloso recibir todos los agradecimientos, elogios y la retroalimentación positiva que usted recibe por ser una bendición para miles de personas.»

La respuesta de la persona a este elogio bien podría ser

algo como esto: «Sí, debo admitir que se siente bien, y también es algo que lo hace sentir a uno muy humilde. Pero también sé el precio que tuve que pagar antes que se me diera la oportunidad de llegar a un número tan alto de personas con un mensaje de esperanza y libertad.»

Recuerdo que hace algunos años no era raro que dejara doscientos mensajes telefónicos con secretarias o potenciales clientes, y luego tal vez cinco o diez personas devolvían las llamadas. Trabajé por años para superar los sentimientos de rechazo mientras contactaba a personas nuevas que no me conocían, y a veces sentía como si consideraran mis llamadas telefónicas una intrusión o un inconveniente. Aprendí que si deseas que la gente se preocupe por saber quién eres, tendrás que ganarte primero su respeto. Antes que ese respeto sea ganado, algunas personas tal vez nos traten como si no se preocuparan por nosotros o por los beneficios que creemos poder proveerles. Y hay algunas personas que son verdaderamente rudas, negativas y abrasivas.

Para encontrar el maravilloso y precioso grupo de líderes que sé que trabajan en el mundo entero, tuve que pagar por anticipado un gran precio antes de poder disfrutar todas mis presentes bendiciones. He descubierto que después que hemos «pagado el precio inicial» para obtener nuestra visión personal, una vez que despegamos y volamos, es mejor no estar demasiado impresionado por las cosas que hemos logrado, pero en cambio deberíamos elevar continuamente nuestras metas y estar más impresionados con el sorprendente potencial que todavía se encuentra más adelante.

Estoy agradecido y animado cuando veo que la gente valida mi propósito y valor, pero también recuerdo las muchas veces que quise renunciar y rendirme. Y aun cuando sé que mi esfuerzo y persistencia contribuyeron a que mi vida estuviera tan bendecida, también sé que todavía es sólo la gracia de Dios la que me ha permitido llegar así de lejos.

Soy muy consciente del hecho que estoy en deuda con los muchos grandes líderes con los que tengo la oportunidad de trabajar, así como también con todos los líderes que continuamente promueven mi trabajo, mi material de enseñanza y me invitan a hablar ante sus grupos y organizaciones. Es cierto que al principio serás tú quien crearás el movimiento para lograr que tu avión de la visión despegue del suelo, pero para continuar volando necesitarás a otros líderes que vuelen en formación contigo.

Algunos de los líderes volarán adelante y otros a tu lado, a tu izquierda y a la derecha, y algunos de los líderes con los que trabaja volarán detrás, mientras tú les brindas tu consejo y guía para que ellos lideren a otros.

Mientras continúas avanzando con la clase de carisma correcto, atraerás a más y más grandes líderes hacia ti. El acuerdo, la visión, la sabiduría y la unidad colectiva (y muchas cosas adicionales que recibirás y compartirás con otros líderes) harán que tú y ellos vuelen a grandes alturas, mucho más alto de lo que podrías llegar por ti mismo.

Me desperté a las 3:00 AM una mañana con mi mente y corazón llenos de pensamientos inspiradores que quería recordar. Sabía que si volvía a dormir perdería la mayoría de estos pensamientos para siempre. Entonces, me levanté, caminé hasta mi oficina, saqué una grabadora y comencé a hablar y a grabar; luego volví a la cama. Al día siguiente le di la grabación a mi esposa, Julie, y le pedí que por favor escribiera lo que había dicho.

Los siguientes párrafos contienen las palabras que grabé en esa cinta. La gramática y puntuación en estos párrafos siguientes tal vez no sea la mejor, pero los he dejado de esa manera a propósito de modo que puedas tener una idea de cómo nacieron estos pensamientos.

«No son aquellos que nacen en cuna de oro. No son aquellos que parecen tener todas las cartas a su favor. Es el persistente el que gana. Es el que hace la mayor cantidad de llamadas telefónicas y mantiene el carisma correcto fluyendo desde su corazón. No es aquel que comienza con los mejores contactos y conexiones. No es aquel que parece tener todo para triunfar. Muchos que parecen que van a triunfar, no lo harán, y muchos que parece que no, lo lograrán. No depende de tener la mejor oratoria. Muchas veces es aquel que es lo suficientemente resistente como para avanzar poco a poco, para fallar y triunfar y fallar y triunfar y fallar y triunfar otra vez. Hasta que finalmente lo logran y encuentran a esas personas significativas que van a ser los que se les unan en liderazgo y construyan algo tremendo. No es necesariamente el que la opinión popular elegiría como el líder más grandioso. Es aquel que sabe que sabe. Aquel que pagará el precio para mantener los pensamientos correctos—para vivir en la verdad y fluir en el indescriptible carisma que hace que los demás sientan confianza en ellos. Es aquel que vive diariamente sembrando las «semillas de pensamiento» correctas en sus mentes y corazones. Aquel cuyo deseo por algo mejor... crea una disciplina de meditación en la verdad día y noche... noche y día y día y noche. Esa es la persona que termina proyectando la clase correcta de carisma que atrae a la gente correcta hacia su círculo de influencia. Y al atraer a la gente correcta hacia ellos, construyen un grupo de líderes con los que pueden trabajar y por los cuales pueden sentirse orgullosos. Un grupo de líderes que están comprometidos con ellos y ellos con los primeros... Juntos son parte del destino para crear la libertad para aquellos que tengan la visión de unirse al grupo.

»No, no es aquel que parece tener todas las ventajas naturales. No está garantizado para aquel que dice, "Tengo la herencia familiar adecuada". Es aquel que dice, "Vale la pena pagar el precio y hacer lo que sea necesario para darle nacimiento a mi sueño y convertirlo en realidad." Es aquel que hace de la libertad su principal prioridad. Es aquel que dice, "Dios todopoderoso me ha dado el derecho, sí, el derecho de ser libre en cada área de mi vida—en lo espiritual, mental, emocional, en mis relaciones y, sí, en lo financiero." Aquel que está convencido en su corazón y en su alma... con sumisión total a la misión. Sus palabras revelan la abundancia de sus corazones mientras hablan de su fe. "Sabía que la libertad es para lo que nací y todo lo que necesito es encontrar mi círculo interior de líderes que compartan la visión." Que sepan que esto es lo más importante—eso es lo primordial... que nuestras familias no serán libres hasta que alguien lidere el camino—que mi vida no será libre ni será un ejemplo para los demás hasta que primero pague el precio de saber que sé, que sé, que sé...»

»Esta no es sólo una noción, me baso en la verdad que ha sido establecida mucho antes que naciera. Conocer la Verdad me ha liberado. Todos aquellos a los que puedo ayudar a llegar al lugar en donde se encuentran conociendo la verdad, también serán libres. Dios nos ha creado para ser libres en cada área de nuestras vidas. Esta libertad no está reservada sólo para lo espiritual, aunque esa es la mejor. No está reservada sólo para la libertad en las relaciones, aunque es la segunda en la lista, sino que también está reservada para la libertad financiera. Cuando soy financieramente libre, no tengo que preocuparme por el dinero y eso me permite enfocar mis esfuerzos en lo que es más significativo, porque ya no estoy preocupado con pensamientos que drenan energía.

»No, no es acerca de nacer en la familia correcta... esa no es la clave principal. No es si bien las cosas van todas bien y si todo fluye normalmente.

»De hecho, los retos se presentarán, las tormentas surgirán, pero sé que sé, que sé por qué nací—el propósito por el cual fui creado es para liderar a muchos hacia la libertad. Y mientras mantengo mi compromiso con ese propósito—eso, por si sólo, me pondrá en un curso que me hará ver a cada hombre y a cada mujer como alguien en quien debo sembrar una semilla de libertad.

»Si comienza a crecer dentro de ellos, entonces veré un brote y sabré que esa persona es alguien con quien se supone que debo trabajar de alguna manera, con delicadeza y humildad hasta que ese brote se convierta en un árbol joven y ese árbol se convierta en un gran roble y ese gran roble crezca hasta los cielos como testimonio y como una bandera volando alto para que todos la vean. Todos pueden mirar y ver que ellos también pueden ser libres.

»No, no se trata de en dónde naciste. No es en dónde te encontrabas al comienzo de tu vida. No es acerca de cuánto dinero tienes para comenzar. No es acerca de cuántos contactos tienes para trabajar inicialmente. Es si bien eres guiado por la pasión y el propósito. Es si bien continuarás avanzando hasta que encuentres el oro que está escondido. Es si bien hablarás con el suficiente número de personas hasta que encuentres los pocos con los que estás destinado a estar. Es si estás dispuesto a hablar con «los muchos» para encontrar a «los pocos». Están escondidos en el pedregoso terreno de la vida. Excava como si estuvieras buscando oro, a esas preciosas personas que se unirán a ti por la causa de la libertad—que se unirán a ti y dirán, «Pagaré el precio, nací para ser libre».

»Sigamos adelante con una misión. Sigamos adelante con el destino palpitando en nuestro corazón. Continúa buscando entre la gente para encontrar a aquellos que están listos para escuchar. Aquellos que escuchan el sonido de libertad escucharán el sonido de tu voz y dirán, «Sí me uniré a usted, conozco el costo y estoy determinado a pagar el precio. Ninguna determinación ni persistencia es un precio muy alto que pagar. La libertad es tan valiosa que estoy dispuesto a ser una de esas personas que lucha por ella y quien se unirá a usted y lo acompañará hombro a hombro a través de lo que sea necesario para que se convierta en alguien que pueda decir, "Me he dado cuenta de lo que es la libertad y veo a todos aquellos para quienes he podido ser una bendición y todos ya están viviendo en un nivel de libertad"».

»Sé de los que resuelven que su llamado, su propósito, su misión, es lograr la libertad que Dios Todopoderoso le ha entregado en el corazón y en la mente de todo hombre y toda mujer y que ha puesto a disposición de todo ser humano. La libertad que encontramos es en gran medida el resultado del líder que nos expresó la palabra por primera vez... y luego nos entregó un plan que hizo posible la libertad, y finalmente, en la medida en que desarrollamos un fuerte equipo de líderes... la libertad es inevitable. El plan y la forma de llegar a la libertad han sido comprobadas por aquellos que la han alcanzado antes que nosotros y que han dejado un camino que podemos seguir.

»Cualquier cosa menos que la libertad es menos de lo que fuimos creados para vivir. La libertad espiritual, mental, emocional, en las relaciones y sí, la libertad financiera, es nuestro derecho desde que nacemos».

Es innegable que una de las fuerzas más fortificantes en prepararnos para ser lo suficientemente resistentes como para superar todas las formas de rechazo, es el poder que se produce cuando nos unimos a gente de pensamiento similar por una causa que vale la pena.

CAPÍTULO 12

Usa el rechazo como una ayuda que te llevará a tu siguiente nivel superior

La mayoría del rechazo que enfrentamos es bastante leve comparado con las amenazas que enfrenta un soldado en el campo de batalla mientras defiende la libertad de su país, o la amenaza que enfrentan los bomberos cuando se apuran a apagar un edificio en llamas para salvar vidas.

La mayoría del rechazo que enfrentamos no tiene ningún elemento de amenaza física, pero sí tiene el potencial de lastimar nuestro ego, nuestra autoestima y nuestro sentido de valor propio. Si lo permitimos nos afectará, el miedo al rechazo paralizará nuestro crecimiento y hasta puede aniquilar nuestros sueños.

Al superar el temor al rechazo no sólo nos deshacemos de la posibilidad de que nos haga daño, sino que también adquirimos el coraje para cruzar la línea para ir a un nuevo territorio en el que crearemos nuevos eventos positivos en nuestras vidas.

Hay una historia real que escuché años atrás y que ilustra cómo al liberarse del temor, se logra que el rechazo pierda su poder para impedirnos llegar hasta nuestro nivel más alto.

Esta historia es acerca de un hombre que «cruzó la línea y fue más allá del punto de no retorno» para perseguir sus sueños, su visión, su propósito y su misión en la vida. Cuando se comprometió en un cien por ciento con su misión, el temor al rechazo desapareció y su sueño se manifestó.

Este hombre era un misionero que se sentía muy fuerte en que su propósito era ayudar a que la tribu de cazadores de cabezas recibiera atención médica para curar una epidemia que se esparcía rápidamente y amenazaba con la existencia del grupo.

El hombre trató de acercarse por varios meses, pero cada vez que lo intentaba temía perder su vida. La tribu era conocida por ser feroces caníbales y por reducir las cabezas de aquellos que habían matado, las cuales guardaban como trofeos.

Una noche este misionero tuvo un sueño en el que un ángel le preguntaba, «¿Quieres vivir la vida temiéndole a la muerte, o es acaso tu propósito lo suficientemente importante como para estar dispuesto a morir en la búsqueda de tu destino?» Él contestaba, «Preferiría morir que vivir el resto de mi vida sabiendo que no terminé la misión para la cual nací.»

A la mañana siguiente el misionero despertó y el temor de perder la vida se había esfumado. Creyó con todo su corazón que iba a ver cómo sucedía algo especial mientras avanzaba sin temor, y sólo con amor en su corazón por los miembros de esta tribu.

Al día siguiente se acercó y les dio un regalo de alimentos y vestido. Con un nuevo carisma guiado hacia el propósito hizo varias visitas cortas, trayéndoles cada vez diferentes regalos.

A pesar de que al principio la gente no le dejaba hacer ninguna clase de contacto físico, con el tiempo la gente de la tribu llegó a confiar en él hasta el punto de permitirle introducir una aguja hipodérmica en sus brazos para inyectarles medicina y vacunas que detendrían la dispersión de la enfermedad. El misionero también les ofreció ayuda espiritual y asistencia agrícola, y finalmente fue honrado en la tribu como gran héroe.

Después que su trabajo con la tribu se convirtió en un éxito bien conocido entre otros misioneros, uno de sus colegas le preguntó, ¿cuál fue el cambio que le ocurrió después que tuvo ese sueño y cómo consiguió el valor que le permitió lograr un éxito tan grande? La respuesta fue, «Perdí literalmente el miedo a la muerte, y como ya no temía morir, ¿con qué más podrían amenazarme los miembros de esa tribu?»

La mayoría de nosotros no tendremos que enfrentar el riesgo de perder la vida en la búsqueda de nuestros sueños, pero permítame hacer esta pregunta una vez más, «¿Qué diferencia haría en nuestra habilidad para construir una misión, visión o negocio si sólo perdiera una cosa, eso llamado «el temor a la gente?» Seguro que haría una gran diferencia.

Los siguientes párrafos llegaron a mí un día muy temprano en la mañana (eran las 4:07 AM). Me levanté, fui hasta mi oficina, tomé mi pequeña grabadora y comencé a grabar los pensamientos que me salían de la mente y el corazón.

Más tarde esa mañana, tal como lo hice con la anterior grabación, le pedí a Julie que escribiera las palabras de esta segunda. Estas son las palabras:

Un amigo llamado Rechazo

Creo que es una buena idea tener un diálogo con Rechazo y decirle, ¡Hola! He estado viviendo contigo toda mi vida y me doy cuenta que probablemente vas a estar ahí en cada paso a lo largo del camino... mientras persigo mis metas, mis sueños, mi visión y mi propósito, por lo tanto he decidido que no permitiré que seas mi adversario.

He decidido convertirme en tu amigo y como tal, quiero decirte la verdad.

La verdad es que no vas a detenerme y la verdad es que, no importa lo que digas o trates de hacer, no voy a ceder ante tus observaciones ni opiniones acerca de mí o de mi sueño.

No voy a convencerme.

De modo que puedes sentirte libre de usar a la gente. Puedes usar las circunstancias. Puedes usar la escasez de dinero. Puedes usar cualquier técnica que creas que deseas usar, pero debes saber esto: No importa qué técnicas, métodos o gente uses, no vas a llegar hasta mí. De hecho, te voy a usar como una herramienta que me fortalecerá.

Rechazo, de la misma manera que un águila extiende sus alas cuando se acerca la tormenta para elevarse más alto, voy a usar la turbulencia que creas en mi vida para elevarme más y más alto...

Rechazo, cuánto más eleves la temperatura, más me estarás ayudando a subir en la vida.

Entonces amigo, no me voy a estresar cuando te encuentres cerca, no voy a estar perplejo cuando estés presente. Literalmente voy a descansar en el hecho de que si mantengo mi mente y mi corazón en la verdad entonces Dios mantendrá mi mente y mi corazón en perfecta paz.

Rechazo, sé que siempre estarás allí, pero ¿sabes qué? En vez de ser mi estorbo, he decidido usarte como mi ayudante, y aprecio toda la ayuda que me vas a proporcionar.

Habrá momentos en los que me molestarás tanto que eso se va a convertir en la inspiración y motivación que me seguirán empujando hacia delante. Me vas a sacar de mi zona de comodidad, pero que esto quede claro: Nunca me vas a convencer que estoy en el camino equivocado, nunca me convencerás que mi sueño no puede hacerse una realidad, nunca me vas a convencer que son ciertas las mentiras que dicen las personas negativas sobre mí.

Todo lo que vas a hacer es ser un ayudante que pone un fuego bajo mí y eso me hará correr tras mi sueño con más pasión y más propósito que nunca.

Gracias por darme otra razón para seguir adelante a toda máquina, porque sé, Rechazo, que eres un mentiroso. Siempre mientes. ¡Eso es todo lo que haces! Esa es la única herramienta que tienes para usar, la mentira.

La forma en que sabré que estás mintiendo siempre será muy fácil de distinguir: Sabré que estas mintiendo siempre que se estén moviendo tus labios.

Cada vez que escuche tu voz eso sólo me dará

más energía para seguir adelante y encontrar la verdad que te hará callar... eso te hará totalmente impotente y te dejará sin poder mientras continúo la búsqueda de mi propósito y mi siguiente nivel más alto.

Está bien Rechazo, dame lo mejor que tengas, pero debes saber que voy a convertir en oportunidades todos los obstáculos que me pongas en el camino. Voy a convertir los problemas que me envíes en triunfos y voy a usar cada montaña que me interpongas en una razón para crear más movimiento.

Sí, superar el rechazo te enriquecerá. Serás rico en el amor de tu familia y amigos, rico mentalmente, rico emocionalmente, rico espiritualmente, con la paz de saber que Dios no te creó para ser un ciudadano de segunda clase de este mundo. Rico en propósito y plenitud, rico en un estilo de vida que te permitirá a ti y a tu familia disfrutar de cosas maravillosas y viajar a lugares inolvidables en todo el mundo, y sí, también una riqueza financiera.

«Los más grandes entre ustedes serán los que aprendan a ser los mejores sirvientes.» Así como das, así mismo recibirás; si tratas de bendecir y ayudar a la gente, y algunos de ellos te rechazan, no hay necesidad de permitir que esto te afecte de ninguna manera. Lo que piensan o digan los demás no cambia la verdad acerca de quién eres en realidad en tu interior. Si bien te aceptan o te rechazan, el regalo de tu espíritu generoso no cambia el hecho que fuiste creado para vivir una vida de libertad total.

Es reconfortante saber que no fuimos nosotros los que creamos la idea que se supone que debamos ser abundantemente libres en cada área de nuestras vidas. Estamos cumpliendo simplemente con nuestro destino. Tú naciste para ser la cabeza y no la cola.

Todas las formas de rechazo son temporales, pero su propósito es permanente. Rica es la persona que todavía ama y cree en la gente, aun cuando existe la posibilidad de ser rechazada. Rica es la persona que cree en los demás hasta que algunos de ellos comienzan a creer en sí mismos.

Tú naciste para estar en un equipo ganador, naciste para encontrar a tu equipo de líderes con quienes construir una visión y una vida de libertad.

Cuando el polvo se asiente, no deberían ser aquellos que lo rechazaron los que determinen qué tan alto vas a volar—es la gente preciosa que has encontrado y con corazones que palpitan al mismo ritmo que el tuyo.

TODO ES ACERCA DE LIBERTAD. Cuando sabes la verdad ésta siempre te liberará. Cuando te liberes de las opiniones de otras personas y de los pensamientos negativos que tratan de sembrar en tu cabeza, el rechazo no te podrá tocar y jamás te impedirá avanzar... ¡SIGUE ADELANTE PARA CREAR LA LIBERTAD A LA QUE TIENES TODO EL DERECHO!